就这样，我们上清北

高途高考研究院◎编

高途高中图书课堂

扫码获取更多免费资源

哈爾濱工業大學出版社
HARBIN INSTITUTE OF TECHNOLOGY PRESS

图书在版编目（CIP）数据

就这样，我们上清北 / 高途高考研究院编 . —哈尔滨：哈尔滨工业大学出版社，2021.10（2021.12 重印）

ISBN 978-7-5603-9730-6

Ⅰ . ①就…　Ⅱ . ①高…　Ⅲ . ①高中生—学习方法②高考—经验　Ⅳ . ① G632.46 ② G632.474

中国版本图书馆 CIP 数据核字 (2021) 第 199624 号

策划编辑　刘　瑶
责任编辑　那兰兰
封面设计　闾　盈
出版发行　哈尔滨工业大学出版社
社　　址　哈尔滨市南岗区复华四道街 10 号　**邮编**　150006
传　　真　0451-86414749
网　　址　http: //hitpress. hit. edu. cn
印　　刷　廊坊市安次区团结印刷有限公司
开　　本　880mm×1230mm　1/32　**印张**　6.625　**字数**　142 千字
版　　次　2021 年 10 月第 1 版　2021 年 12 月第 2 次印刷
书　　号　ISBN 978-7-5603-9730-6
定　　价　62.00 元

前　言

拥有百年历史的清华大学、北京大学，一直都是莘莘学子梦寐以求的象牙高塔。成功来自于理想，果实离不开耕耘。本书从数百位高途 2021 届“清北优秀学员”经验分享中精选三十六篇，他们以自己的亲身经历阐述了一位普通的高中生在面对学习和成长的困惑时，是如何找到方法，突破迷雾，华丽蜕变的。

本书由五部分组成：

第一部分：理想引航篇，聚焦清北学子获得成功的奋斗历程——高中生活中经历的困难与失败，成功与喜悦，成长与感恩。“心中有梦，促我前行”。没有理想，就没有坚定的方向；没有方向，也就没有生活。

第二部分：学习方法篇，聚焦清北学子的学习方法——全方面、多维度地阐述清北学子高效的学习方法，引导你在学习中找到适合自己的学习密钥。

第三部分：学科经验篇，聚焦清北学子的学习经验——

有效刷题、时间管理、优势学科技巧经验分享等，助你高效学习。

第四部分：强基竞赛篇，聚焦通过强基计划及学科竞赛等方法进入清北的经验分享，为优秀的你提供另一种稳赢“高考”的备考经验。

第五部分：智慧锦囊篇，精选高途学员服务中心的学员反馈，针对学员在学习过程中遇到的种种实际问题，从困境突破、压力管理、心理调解等不同维度，给可能会遇到类似问题的你指明解决问题的方式方法。

这是真实的奋斗、圆梦的成长经历分享，如果正在追梦的你哪天紧张了，慌乱了，难过了，或是想要放弃了，不妨翻开这本书，看看成功迈入清北的学长学姐们，他们是如何“突围”的。或许能引起你的共鸣，帮助你找到一丝安慰，引导你摸索出属于自己的方法，重新激起斗志。衷心期望《就这样，我们上清北》一书成为你学习的伙伴，助你战胜高考，迈入你一直期望的大学殿堂。

高途高考研究院

2021.9

篇一

理想引航篇

「理想是指路明灯。
没有理想，就没有坚定的方向；
没有方向，就没有生活。
——托尔斯泰」

002 我是一只蜗牛，虽然慢但驰而不息 / 权同学 北京大学
007 心向往之 未来可期 / 刘同学 北京大学
012 学习为乐，不负青春 / 成同学 北京大学
016 每一个不曾起舞的日子，都是对生命的辜负 / 颜同学 清华大学
020 筑梦 圆梦 燕园 燕缘 / 江同学 北京大学
025 不见羽翼，唯觉欢喜 / 陆同学 北京大学
030 清北不是“神话” / 王同学 清华大学
034 认清自己，选择自己的道路 / 孔同学 北京大学
039 念念不忘，必有回响 / 李同学 清华大学
043 也繁华，也荒芜 / 陈同学 清华大学
047 不甘平凡，勇往直前 / 程同学 北京大学
050 唯念三年岁月稠 / 丁同学 清华大学

篇二 学习方法篇

「少而好学，如日出之阳；壮而好学，如日中之光；老而好学，如秉烛之明。

——刘向」

056 他山之石，可以攻玉 / 杨同学 北京大学

060 送我去北大的八条秘诀 / 曹同学 北京大学

064 及时当勉励，岁月不待人——我的高三备考策略 / 李同学 清华大学

073 高中三年，四个学习成长攻略 / 赵同学 北京大学

078 逆风翻盘，成就绚烂人生 / 郭同学 清华大学

083 忆三年青春，传学习之法 / 熊同学 清华大学

088 做聪明的学习者 / 王同学 北京大学

092 那些年，整理错题的晋阶之路 / 梁同学 北京大学

篇三 学科经验篇

「经验是用无限代价买来的一颗宝石。

——莎士比亚」

098 以梦为马，不负韶华 / 王同学 清华大学

103 圆梦清华——我的学习经验分享 / 张同学 清华大学

112 强青春之意志，抵梦想之彼岸 / 刘同学 北京大学

117 我的北大求学路 / 张同学 北京大学

121 “赢”战高考之路 / 郎同学 清华大学

126 触摸历史的余温：浅谈高中历史学习 / 杨同学 北京大学

130 科学规划，拼搏逐梦——语文学习指南 / 王同学 清华大学

133 英语、数学优势学科的经验分享 / 王同学 北京大学

136 小谈我的学习经验 / 郭同学 北京大学

141 愿君执笔定乾坤 / 贾同学 清华大学

篇四

强基竞赛篇

「既然我已经踏上这条道路，那么，任何东西都不应妨碍我沿着这条路走下去。

——康德」

148 不被目标所异化，不在困境中踱步 / 郭同学 北京大学

153 志之所趋，无远弗届 / 苏同学 清华大学

158 数学竞赛与备战高考经验分享 / 安同学 北京大学

163 竞赛 vs 高考的平衡之道 / 刘同学 北京大学

167 这样高效备战数学竞赛 / 肖同学 北京大学

174 物理竞赛与备战高考的经验分享 / 程同学 北京大学

篇五

智慧锦囊篇

「世界上使社会变得伟大的人，正是那些有勇气在生活中尝试和解决人生新问题的人。

——泰戈尔」

180 困境突破锦囊

188 压力管理锦囊

192 时间管理锦囊

196 拓展新知锦囊

201 心理调节锦囊

篇一

理想引航篇

「 理想是指路明灯。没有理想，就没有坚定的方向；没有方向，就没有生活。

——托尔斯泰 」

我是一只蜗牛，虽然慢但驰而不息

学员姓名：权同学
录取大学：北京大学
成长寄语：志当存高远，勤必争朝夕。

我是一个反应慢的人，头脑灵光、聪明开窍这样的词和我不沾边。我和人交流时呆愣木讷，学习新知识总是慢人半拍，但我从未放弃前进的脚步，于是我一步一步地走向成功。

百日誓师学生代表发言

还记得高一的物理课，理科思维好的同学和老师配合默契，能将老师抛出的每个问题都答得行云流水，在同学们的掌声中骄傲地坐下。而我则在一旁满眼歆羡地看着，然后在课下一遍一遍地消化着知识点，同时躲在角落里消化着自卑。

我还是一个孤僻的人，不擅长团队合作，不擅长沟通交流，我总是一个人做事，不声张，也不求助。我爱钻牛角尖，不仅如此，我还在牛角尖上雕花刻字，想钻出个名堂来。

我觉得我像一只蜗牛，缓慢地爬，艰难地爬。我的壳里藏着一颗脆弱又顽强的心脏。一只蜗牛的爬行，只是一种本能举动，它在向前爬的时候不曾幻想过远方的玫瑰园，它在向上爬的时候未敢奢望头顶的星辰，它只是一直爬。就像彼时的我，从未想过清北的璀璨光芒会照临到自己身上，我只是勤勤恳恳地学习，只当它是我的本分。

第一次月考结束，当看到成绩单上学年第四的位置写着我的名字时，我觉得自己是一个幸运儿。我像做了一个不切实际的梦，飘飘忽忽，半天才接受这个事实。我一面激动，一面窃喜，也一面惶恐。在各种复杂的情绪占据我内心的时候，一个念头小心翼翼地从我心头抽出芽来：也许我还可以更好呢！

也许我还可以更好——我想这是支撑我高中三年步步向上攀登最重要的一个念头。当你相信你能“更好”，并愿意为了这个“更好”锲而不舍地努力，持之以恒地付出的时候，这个念头就会像一个航标一样，引领着你向“最好”无限靠近。

我开始以更高的标准要求自己。我反应慢，一些难点课上听不懂，我就在课下抽出时间钻研。物理公式的推导没跟上，下了课，我自己从头慢慢推。我推了一下午，仍然没推出来。我把写得满满的草稿纸推到一边，趴在课桌上痛哭流涕，在心里埋怨自己笨。

哭完了，我换了张草稿纸，接着推。我又推了一晚上，突然开窍了，推出来了。

那一刻我欣喜若狂，心里顿时充满成就感。但是兴奋消退后，我开始冷静地思考。我不能永远用课后的大量时间来弥补听课效率的低下，课堂内容我必须要在课堂的四十分钟内消化吸收，否则遑论拔高。我开始强迫自己听懂一切内容。我在老师连珠炮似的输出夹缝间拼命思考，我在平静的表象下进行头脑风暴，我把每一节课当作没有喘息的硬仗来打，我把每一个难点视为我必须攻陷的碉堡。

一天天，一周周，一月月，我能感觉到我的进步。我的思维越来越灵活敏捷，甚至常常能走在老师前面；我的理解越来越深刻透彻，甚至往往能产生自己的独特领会。

我变成了同学们下课请教的对象。我很开心，这时的开心不浮躁，也不复杂，因为我知道我在稳稳当当地提升。

俗话说万事开头难。当我迈出第一步后，接下来的突破都变得轻松许多。从提高听课效率到提升作业质量，从夯实基础到挑战难题，我全方位地提升着自己的学习能力。我的成绩没有昙花一现，而是向高位稳升——这是告诉我，我在变得更好。

高二时，我经历了卡在一个水平线上不能再突破自我的瓶颈期。我想变得更好，却不知该怎么做，即便如此，我从来没有放弃努力，放弃付出。那时的我像一只坠入井底的蜗牛，往上爬两步就下滑一步，但我仍然坚持在爬，我期待从井底爬出来的那一天，期待看到井外的大千世界。

高三的来临既悄无声息又轰轰烈烈。当鲜红的倒计时挂上墙时，最后一年的冲刺开场了。那时我还处在瓶颈期，焦虑情绪像澳大利亚的野兔一样疯狂生长，我静不下心来学习，我觉得一切努力都没有意义。

当我陷入泥淖时，老师与父母向我伸出了援助之手。我的老师率先察觉到我的状态，她与我促膝长谈，聊起我的进步老师看在眼里，聊起我的韧性值得所有同学学习。最后她对我说了一句话："你不必焦虑，也不用着急，因为这一路走来，你已经突破了自己，你要相信自己一定会更好。"

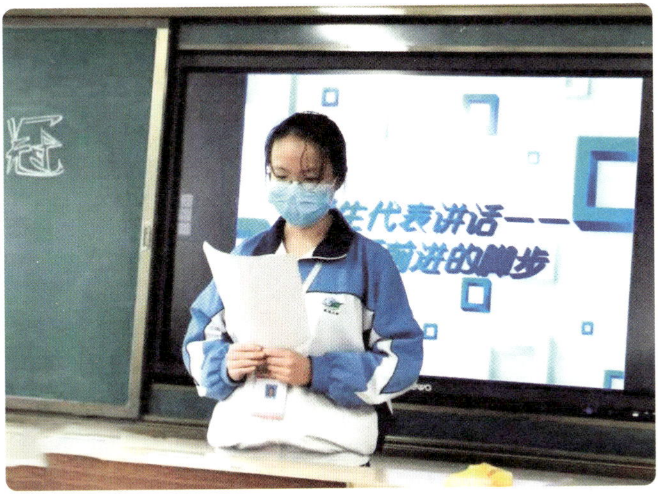

妈妈则是在我情绪崩溃的时候静静地陪伴着我，她包容着我所有的无理取闹，她默默地帮我揩去眼泪，悄悄地帮我分担压力。

她们的帮助让我回到了正轨，同时我对自己的认知与定位也更加清晰。

我是一只蜗牛，虽然慢，但驰而不息，我只需尽我的本分，脚踏实地地努力。努力是有意义的，花了大半天推导物理公式现在看来何其可笑，但如果没有这可笑又微弱的努力，又如何打下高考这一摩天大楼的第一块地基，又何来今天的自己？

我静下心来学习，停止好高骛远，停止不切实际。我专注于每一道题，每一节课，每一场考试。当我释怀时，突然我的瓶颈也被突破了。高三第二次考试，我考到了学年第一。

相比其他人高三的疯狂经历，我的高三过得一如往昔，并没有变得多么拼命。对我而言，学习从来不是一场兵荒马乱的突击战，而只是一件细水长流的小事，它融进我生活的一点一滴，甚至融进我的骨血里，变成一种肌肉记忆。就像一只蜗牛，习惯了爬行，不疾不徐，既不会因为有人催赶而加速，也不会因为缺乏鞭策而懈怠，爬行是它的使命，也是它的初心。至于抵达哪里，是玫瑰园或荒草地，还是星辰大海或烂泥塘，对于慢却坚持爬行的蜗牛而言，其实真的没有那么重要。

心向往之 未来可期

学员姓名：刘同学

录取大学：北京大学

学长寄语：别让别人告诉你你成不了才，无论是谁都不行。

“你们看看人家雨坤！就是扎实、努力！学学他，对待什么都是认认真真、一丝不苟！”班主任又在班上夸奖我了，虽有些不好意思，倒也习以为常。

成绩好也是真的，高三年级六次大考，有四次我是年级第一，剩下两次年级第二。但说到努力，我自认为并不是那种特别勤奋刻苦、目不窥园的人。不过无论怎样，现在我都有了一个非常好的结局：高考成绩 642 分，省内前十，录取院校——北京大学。

回望来路，我确实感慨万千，但静心思之，似乎也并不只是那日复一日的刻苦造就了今天的我。我想，丰富的生活体验，父母的真心陪伴，师长的点石成金，个人的清醒思考，才是发挥坚持这个词最大力量的不二法宝。

小时候，每次从幼儿园放学，老爸总会领着我在农大里面闲逛，尝试着让我去辨认偌大校园中不同树木上悬挂着的铭牌，比如“复叶槭”“圆冠榆”，或者是坐公交车，从起点站坐到终点站，当时的我可以把许多路公交车的站牌倒背如流。

父母很重视让我走出去开阔眼界这件事。五六年级时，机缘巧合，我爱上了隋唐历史，对蒙曼等教授的课如数家珍。初二那年暑假，我专程前往西安进行唐朝专题游，拜谒乾陵、大明宫，观《长恨歌》舞台剧，还去革命圣地延安了解革命历史。高二暑假，我参加了“国学夏令营”，去往成都，感受“天府之国”的魅力，之后还去了湖南长沙，拜谒毛主席故居，赏张家界奇景。这些，都为我日后的学习提供了宝贵的经历见闻。而且我热爱文言文，只要旅游，每日必用文白夹杂的稚嫩言语记录所见所闻、所思所感，既满足兴趣，也可供日后回忆。这些经历，让我对世界有了自己初步的体验和认识，当今这样的学习是至关重要的。广阔的眼界让我更好地理解试卷中浓缩抽象的世界。所谓常识，其实是最重要的知识，也是一个人形成完整人格的重要一步。

饱览祖国大好河山，遍观身边新奇事物，这都离不开父母的陪伴。小时候，他们陪着我坐公交车，从始发站到终点站。后来，我逐渐长大，学到的知识逐渐增多，开始给他们讲解旅游过程中每处景点的历史沿革与发展演变。多年来，他们一直在陪伴着我，倾听着我的心声。日常在家中，从个人发展到社会事件，我们聊天的话题多种多样，有时我也会结合时事热点，给他们讲解我学到的政治、地理知识，这大概是高途课堂的春春老师推荐的费曼学习法——讲懂了，就真懂了！更重要的是，在这一过程中，我和父母之间形成了一种高度的契合与信任，在家中父母营造了一种自由、平等、轻松的氛围。学习的压力和疲惫在家里可以得到充分的缓解与释放，这是我持续发力、冲刺高考源源不竭的精神动力。

除了“精神动力”，还需“智力支持”。我至今仍然记着那段日子，每周六放学到家，就立即打开高途课堂，听春春老师妙谈语文。她不仅能够深入浅出地讲明白各类题型中蕴含的深刻语文思维与逻辑，而且对于社会、人生的思考与感悟都非常有深度。她总能给在高三漫漫长夜中苦苦追寻的我以启迪，让我看清前路。她说要永远保持清醒，才能立于不败之地；她说要形成自己的核心竞争力、不可替代性，才能让人生之路越走越宽；她还时刻告诫我们，爱国是一个人身上最重要的底色……春春老师也是性情中人，对我们的真情即使隔着屏幕也会流露出来。每周的见面，都让我对下一周的努力充满信心与斗志。

说到底，是大家的支持与陪伴，再加上自己一步一个脚印的努力才使我考上北大。那是每一次早晨 6 点战胜困意坐在书桌前奋笔疾书的时光，那是每一次灌下浓浓的咖啡又全心投入的忘我精神，那是每个课间都背诵高频考点，等待课前提问的紧张……

学习文科的两年，真可谓上下求索，无比艰难。记得高二时，我们的老师多从高三下来，节奏很快，往往把课堂时间用到极致。像教英语的雷老师，连打开 PPT 的短暂时刻，也会让我们抓紧写一篇改错，毫不浪费时间！而我们也是连轴转：语文抽背，英语听写、提问，政治梳理框架，历史默写，地理高思维量的连环提问……每天都像是打仗，但每个人却都在疲惫中坚定向前，毫不退缩。每一步的前进，都步履维艰；每一点的付出，终功不唐捐。

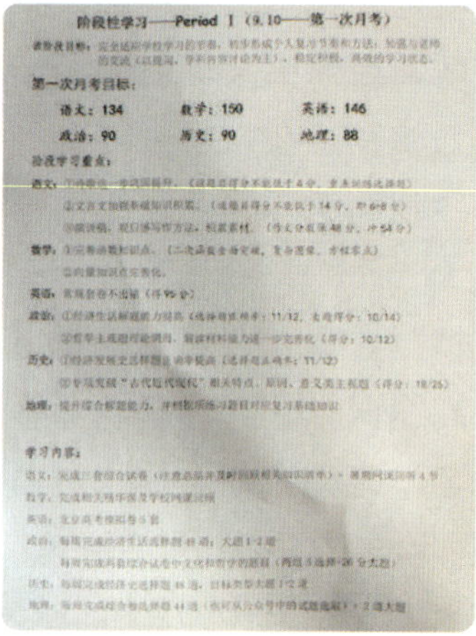
阶段性学习——Period Ⅰ（9.10——第一次月考）

第一次月考目标：

语文：134　数学：150　英语：146

政治：90　历史：90　地理：88

阶段学习重点：

学习内容：

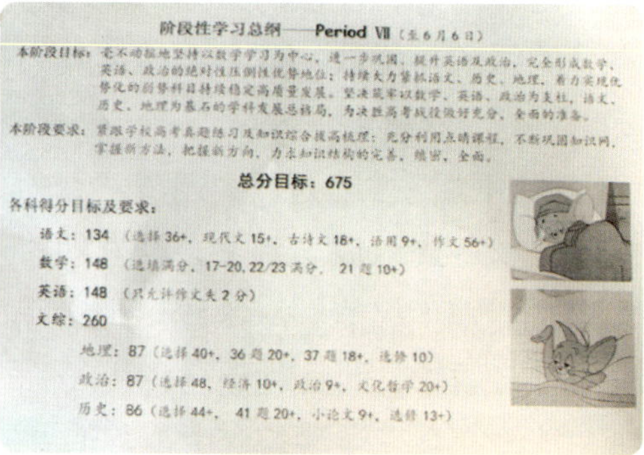
阶段性学习总纲——Period Ⅶ（至6月6日）

本阶段目标：毫不动摇地坚持以数学学习为中心，进一步巩固、提升英语及政治，完全形成数学、英语、政治的绝对性压倒性优势地位；持续大力紧抓语文、历史、地理，着力实现优势化的弱势科目持续稳定高质量发展。坚决筑牢以数学、英语、政治为支柱，语文、历史、地理为基石的学科发展总格局，为决胜高考战役做好充分、全面的准备。

本阶段要求：紧跟学校高考真题练习及知识综合提高梳理；充分利用点睛课程，不断巩固知识网，掌握新方法，把握新方向，力求知识结构的完善、缜密、全面。

总分目标：675

各科得分目标及要求：

语文：134（选择36+，现代文15+，古诗文18+，语用9+，作文56+）

数学：148（选填满分，17-20,22/23满分，21题10+）

英语：148（只允许作文失2分）

文综：260

地理：87（选择40+，36题20+，37题18+，选修10）

政治：87（选择48，经济10+，政治9+，文化哲学20+）

历史：86（选择44+，41题20+，小论文9+，选修13+）

奇妙的是，在日复一日的忙碌中，我却体验到了一种从未有过的“自由”。当然，自由不是为所欲为，而是清醒的自知，无悔的选择，勇敢的担当——正如我选择文科这条属于我的道路。在向山巅进发的征程中，我渐渐看清了我的这颗心，真正开始了解我所爱的、我所想要的。而这种状态，毫不夸张地说，是我所体验到的最幸福的时光。我一直坚信学习的一个最重要的意义就是让我拥有感受幸福的能力。而现在，我每天都过得更加充实，感到加倍的满足、愉悦。稍稍思考便知，人生中又有几个时间段能让人每天都更加了解自我，并目标明确充满希望地去努力实现自我呢?

其实我想说的，不是我的耀眼成绩，而是成绩的稳定性，这又与心态有着千丝万缕的联系。高中学习的古文中，我最爱的有两句话。其一是“尽吾志也而不能至者，可以无悔矣，其孰能讥之乎？”。我一直以之为座右铭，做事不求结果最好，但求“尽志无悔”。当然，不能以“无悔”为由给自己找借口，要看清自己是否真正“尽志”，其实全心全力做了，结果不会辜负你。其二是“且举世誉之而不加劝，举世非之而不加沮”。这句出自《逍遥游》的话大有深意，而人们往往只看到后半句，殊不知对于一个人来说，往往在困厄时激发斗志，奋勇前行不难，真正难的是在快速上升进步时仍能不被鲜花掌声乱了自己的步伐和节奏，仍能保持平和心态，不会膨胀自大，这才是一个人自我认知、自我定力的体现。

说一千道一万，这是一条千万人都在走的路，但我很幸运，走到了我曾无比渴望的目的地，开启了人生新的征程。而这段旅程，也将成为我下一个人生阶段的重要力量来源，我还会继续上下求索，深入探求自己的这颗心，闯出新的天地。正所谓：心向往之，未来可期。

学习为乐，不负青春

学员姓名：成同学

录取大学：北京大学

成长寄语：梯子的阶梯从来不是用来搁脚的，它只是让人们的脚放上一段时间，以便让另一只脚能够往上登。

不只是高考成绩出炉之后，其实高中三年都有人不停地问我："你怎么这么厉害？""学习这么苦，你是怎么坚持下来的？""有什么学习方法吗？"……我每次回答时看似说得头头是道，其实内心很疑惑："我除了坚持还有别的方法吗？""我感觉自己真的没什么很特别的学习方法啊！"不过相比于其他人认为的高中三年充满酸甜苦辣，我倒觉得高中阶段是我十七年人生中最快乐的时光。

高考几乎是每个学生都要面对的重大战役。这个刻板印象导致上高中前的我对高中尤其是高三阶段都充满敬畏，好像高中三年都是由无尽的试卷、埋头苦学的同学以及争先恐后的食堂大军组成的。但是当我经历了才发现，高中生活并不都是这样的，起码我的高中生活就不是。

我花了很长时间才慢慢明白：初中的乐趣或许在于玩，但高中的乐趣一定在于学。有相互鼓励且共同奋斗的伙伴，有永远站在我身后且为我指明学习方向的老师，学习对于我来说并不痛苦，反而是一种享受，学习的快乐是其他任何活动都远不能比的。此外，每当在学习上有所收获，我就有满满的成就感。所以，我这三年感悟最深的就是高中的最大乐趣——学习。

常有人问我高二到高三的 QQ 签名—— DPP 有什么含义。我想说这三个字母一直在鼓励我。

D——Dream——梦想，也可以理解为目标。首先，必须明确的一点是，目标是可以根据实际情况来调整的。我并非一开始就想考北大（小时候纠结过将来是上北大还是清华，那时的我也许是初生牛犊不怕虎吧），甚至直到初三才想要考省重点学校。高一第一次月考，我总担心自己这个从县城来的学生只能考到年级五百多名，便奋发图强，结果考了年级第四十名，于是把北外定为高考目标。后来考了年级第十一名，就想着冲一冲人大。分班后考了年级第一，我才敢想：或许我也能考一考北大。不断进步的成绩给了我底气，使我一步步调高自己的目标。最好的目标应该是“跳一跳，够得着”，所以我们需要根据自己的情况来调整目标。

另外，目标有大有小，有远有近。大目标可以是高考全省前二十名，那么小目标可以是月考考进年级前十名；远目标可以是考北大，那么近目标可以是在国旗下讲话。起初我们的大目标基本上都是模糊的，那就不断前进、不断摸索吧！就我而言，我也是在完成一个个小目标和近目标的基础上一步步成长的。比如在开学典礼上，我听着学校领导一一报出优秀学生的名字，我希望下学期也成为学习标兵，果然愿望成真；高一时我下决心要在高三作为学生代表发言，最后果然带领同学们宣誓……无论是每天去跑步，还是每天做两篇阅读理解，就算是准时完成了当天的作业，都该为自己能达成目标而喝彩。持续学习，不断完成一个个小目标，才能让你看到更远的地方，待在原地只会在高考的压力下越来越慌。

P——Perseverance——毅力。当很多能使你变优秀的事成为你的习惯，你就能习惯保持优秀。不管是每天记一个文言实词，背一篇古诗词，还是每周写一张数学试卷，整理错题本，只要你能坚持下来，成绩一定会有改变。最怕的就是有些人会觉得坚持一件事需要太长的时间、太多的精力，而且根本看不到成效。其实只要开始做，有坚持的毅力，我们总会看到进步。比如，高一时我的英语成绩很一般，在班上只能排十几名，所以从高二开始，我每天利用中午的时间写一张英语试卷。去掉作文和听力，我从一开始需要 50 分钟完成到高三时只需要 30 分钟完成，从阅读理解错四五个到基本全对，最后高考英语考了全校第一。其实，有毅力坚持做一件事的人，在考试时也会比别人多一分底气，因为有人三天打鱼两天晒网，而你在正确的时间做正确的事，并持之以恒，就可以聚沙成塔、集腋成裘。

P——Peking——北京大学。心理学上有一个法则叫作“吸引力法则”，就是你希望得到什么，你就更容易得到什么。高二时我遇到极大的打击，对高考目标失去信心，我妈妈告诉我“对梦想全力以赴，对结果顺其自然”。高三最后几十天，我每晚下楼跑两圈，鼓励自己“跑够了750米就能考750分”。在高中阶段，积极的心理暗示尤为关键，千万不能陷入自我怀疑。若你的性格较为内敛，不愿说出自己的梦想，那么默念自己的心之所向，也能收获内心的坚定力量。

高中见证了我们最美好的青春，奋斗也是我们这个年纪所能做出的性价比最高的选择。我真诚地祝愿学弟学妹们都能享受高中生活，最终实现梦想。

每一个不曾起舞的日子，都是对生命的辜负

学员姓名：颜同学

录取大学：清华大学

成长寄语：如果惧怕前面跌宕的山岩，生命就永远只能是死水一潭。

“每一个不曾起舞的日子，都是对生命的辜负。”想起这句话，那些峥嵘岁月就会再次涌上心头。

我的高中生涯起步于2018年的夏天，作为一个预录学生提前进入了这个城市最好的高中。第一节语文课上，老师顶着满头的汗珠语重心长地对我们说：“每一个不曾起舞的日子，都是对生命的辜负。你们的高中生涯还剩下一千多个日夜，好好想想怎么努力吧！”于是，进入高中的第一天就是高考倒计时的开始。

然而，我从来不是一个“逆来顺受”的好学生。对于预录班的班规，我起初没有敬意，反而任由自己身上那股叛逆和个性在老师看不到的角落里疯狂生长——我偶尔逮着机会就会在晚饭后偷偷去打篮球，并且把这股贪玩的劲儿当作私藏的乐子。可惜，好景不长。那一天的天空露出诡谲的青色，打完篮球的我急匆匆地往教室跑，试图隐匿自己的“罪行”。但班主任早已如经验丰

富的猎人一般站在门口，等候着焦急回家的兔子一般的我。紧接着我就进了办公室。我站着，老师坐着，我耷拉着脑袋，仍能感觉到班主任的一股怒气。听着班主任的话，我的惭愧不断发酵，为预录班学生的身份，为流逝的时间，也为了耽于玩乐的自己……班主任说了什么我也记得不是很完整了，但耳畔始终萦绕着“辜负”“不刻苦”的字眼。在他的训诫下，我对规则产生了敬畏，也为自己的不努力而感到羞愧。

“每一个不曾起舞的日子，都是对生命的辜负。”那天晚上，尼采的这句话再一次浮现在我的脑海里。我的心里很不是滋味，尤其是当顽皮的个性和铁一般的纪律产生冲突时，只是这一次我决定要收敛自己的个性。改变不是一件简单的事情，踏出舒适圈的那一刻就注定要开始接受自己曾经不能接受的。说起来，当时走过的路已记不清楚，接受、听话、改变、坚持……日复一日平淡的学习让一切轰轰烈烈都显得苍白。

随后特殊时期来临了。

封城、网课、居家学习……

老实说，这段人人如孤岛一样的学习时光是那样特殊但又让人觉得合理。它留给我的远不止一堆让人热泪盈眶的作文素材，它教会我自律、诚实和从容，它告诉我们成长的良药就是面对孤独——它的突如其来显得适逢其会。

高三如期而至，我们穿过阴霾，再一次踏入学校的大门。不经意间，步入高三的我们好像时间变少了，逐渐少有人敢在自习的时候高谈阔论，少有人在下课时追逐打闹，少有人回到寝室后四处游荡。教室里喘气的声音更重了，写字的速度变快了，做过的题更多了。

高三的我好像一直活在不甘平凡当中。高三上学期，我的状态出现了大问题，名次不断下滑，我的心态也像投入一潭深水里的石子，一直沉啊沉，却总不见触底反弹的那一刻。印象很深的是有一段时间，我每每解答导数大题时便会陷入困境，在考试的时候常常用很长时间也做不出来。为此，我做了很多工作，比如把之前的导数难题进行题型归纳，重新做一遍后写出自己的反思，最后找到思路上的共性，但是效果并不是那么显著，心里也很不是滋味。

一天晚上，我躺在床上回想着一道棘手的导数题，脑海中闪过梭罗在《瓦尔登湖》中说过的一句话：日出未必意味着光明，太阳也无非是一颗恒星而已，只有在我们醒着时，才是真正的破晓。我便愈发想知道自己的转机到底在哪里。就是那一晚的思考之后，我慢慢有了解答导数大题的题感，至少在遇到这样的题目时我再也不会胆怯和自卑了。

我的高三渐渐充实起来，数学分数越来越高，不断进步的成绩也在渐渐填补我内心的空缺。模考一个月试水，紧接着就是高考，然后是最让人焦灼的等待——这些我曾经最为期待也最为看重的时刻竟然都变得模糊了，它们融入那些我奋战过但却没有硝烟的日子，让绚烂终归于平静。

一转眼，老师的教诲、同学的陪伴就定格在了昨天。高考结束那日的晚上，我们收拾好东西准备离开。我抱着书走出教室时，真的特别想对我的六位老师道一声感谢。他们笑着把我们送出门，眼里看到的好像是羽翼丰满的雄鹰。离别总是让人怅惘，但它也是为了更好的重逢。站在一中校园和清华园中间的路口回头眺望，老师们的身影也渐行渐远，他们再次投身到所热爱的教育事业中去。他们就是我们的摆渡人，把我们送到了彼岸之后就扭头归去，不争名利，无问东西。

我真的特别想告诉学弟学妹，要珍惜这些陪你一起成长的人，而我自己，就像史铁生在《我与地坛》里说的那样——“我已经懂了，可我已经来不及了”。

“成长是一笔交易，我们都是用朴素的童真与未经人事的洁白交换长大的勇气。”我从容挥手告别这段峥嵘岁月，带着它赠予我的勇气，昂首迈向那个动人的未来。

筑梦 圆梦 燕园 燕缘

学员姓名：江同学

录取学校：北京大学

成长寄语：只会幻想而不行动的人，永远也体会不到收获果实时的喜悦。

至今仍觉恍惚，从高中迈入大学，从小镇迈向京城，从县城中学考入最高学府。一路走来，我和燕园真有着说不清道不明的缘分。

初中尚未毕业，我便被保送到我们县的重点高中。初中时我的成绩大概是班里的五六名，也是年级五六名，我所在的班实属卧虎藏龙，先有四名同学去了市一中创新班，后有两名同学被学校送至省王牌中学委培。其实，我的成绩足以上市一中创新班，但也许出于一种近乎固执的情怀，我选择留在我们县的重点高中，暗下决心要为学校争光。如此一来，我便几乎坐稳了年级第一这把交椅。不过，我感受到的不仅仅是成为第一名的喜悦，还有肩上沉甸甸的重担。

一上高中，我的学习模式从初中的被动压制式转变成主动探求式。高一高二，由于新课较多、作业较重而高考压力尚无，大多数同学比较随性，完成老师布置的作业便万事大吉。而彼时的我，已经像个“成熟的高三生”，列着满满的计划，时常与班主任、任课老师交流学习状态，每天过得紧张而充实。虽然偶尔参加校园活动、学科竞赛，但我从未落下高考备战。虽然才高一高二，但无论是我们自己还是我们班主任都野心勃勃，“清北”这两个字总被不断提起，而我似乎开始和这个词沾上边。

事实上，我们学校近年来都是隔年出一个清北。但是高一高二阶段尚无联考，我很难知道自己与清北之间的距离。只是由于小小少年的骄傲狂妄和一点理想主义气质，清北已经成为我心中的目标。也许是因为物理老师曾在课前给我们放过北大的宣传片，也许是因为家族中曾有人考上北大，也许是因为自己文理均衡而自诩文青，关于北大的梦想开始在我心头蠢蠢欲动。那时的我正像井底一只不知天高地厚的小青蛙，从没见过更大的世界，也不知天上的明月是遥不可及还是近在咫尺。只是，第一次知道，梦想有一种神奇的力量，让每天繁重的课业突然有了无与伦比的重大意义，让三点一线日复一日的生活突然变得热血沸腾。

我开始自我施压，用一种类似于想告诉别人也告诉自己“我很努力”的心态来学习。每天的时间安排得很紧凑——吃饭只用十分钟左右，下课也很少和周边同学聊天，慢慢放弃了社交，开始习惯独来独往……每天都很拼，每天也很累。然而，现实成绩却并不是那么理想，慢慢掉到年级第三，数学单科成绩也不尽如人意。记得那时，每次成绩不太理想我都会忍不住哭出来，觉得自己对不起父母的期望，对不起老师的培养，也开始疑惑到底哪里出了问题。

2020 年初，因为疫情迎来了三个月的长假。这次长假是我蜕变的开始。

在家的压力会比在学校小很多，我有很多时间可以自由安排，也因为没有什么考试、严格的监管和繁重的作业，我的心态放松了很多。那个长假我和也将清华视为目标的闺密一起，每天相约跑步，相互监督完成任务既高效又快乐。

经过一个自律的长假，我的知识掌握得牢固而灵活，更重要的是，心态变得轻松了很多——不再过于注重考试结果，更关心每天的进步。高二期末考试，我又回到了年级第一的位置。

升入高三后，各类联考有条不紊地进行，我的成绩稳定且突出。

随着时间的推移，一月首考冲刺到来了。离梦想越来越近了，但当我真正面对越来越清晰、越来越触手可及的梦想的时候，我却愈发软弱。我从未和父母提及北大的目标，怕结果让他们失望；我自己也不太敢将北大视作目标，怕自己患得患失，压力过大。于是，我多次在自我反省时对自己说：别再幻想北大了，做好眼前事，摆正心态，专注复习。但是，不得不承认，北大的梦想真的太有诱惑力了。假期回家我悄悄关注北大公众号，悄悄下载北京大学壁纸，这些小动作都暴露了自己的小心思。北大仍然是那个若隐若现的梦，像远方有点虚无缥缈却圣洁无比的光芒。

没有想到的是，我首考“崩盘”了。首考总分 450，模考稳拿 435 分的我只考了 420 分，再加上语数本来就不突出，首考前的自信心被现实一拳击得粉碎。燕园，一下子变得遥不可及，眼前的成绩像在嘲笑自己多年来的一厢情愿。要感谢我的同学、班主任老师及我的父母，是同学的关心安慰，是父母的贴心交流，是班主任老师的鼓励，陪我度过了那段消沉的日子。幸运的是这时候，北大逐梦计划走进我的生活，我正式将北大作为目标。报名耗费了我无数自修课时间，那封自荐信更是从寒假开始便不断修修改改。高三下半年的那个春天，窗外绿叶摇曳，鸟儿啁啾，燕园梦的种子被我小心翼翼地埋在心里。虽然梦想没变，但是成绩却不如以往辉煌，再加上临近高考，前所未有的压力扑面而来。我曾在计划本上一笔一画地写下“要去北大”，然而一次次不尽如人意的成绩让我心灰意冷，我又写下“北大究竟是梦想还是现实？”。

不过，我心里清楚，我能做的，也只有踏踏实实专注于每天的学习，偶尔抬头看一眼自己写在小计时器上“我在燕园等你”的简拼，便觉无怨无悔。每天晚上十点半，照例关灯锁门后，看一眼灯火阑珊的教学楼，我总会忍不住畅想几个月后的夜晚我会在哪里。尽管老师和同学对我的定位都清清楚楚，但对于我来说，北大一直是那个不敢大声宣告的梦。我在荒原的暗夜踽踽独行，北大是头顶忽明忽暗的星辰，我虔诚地、深一脚浅一脚地追逐，每一次抬头，都是一腔热血与卑微怯意的斗争。

就这么坚定而又执着地走完了高考，最终，梦想成真。回首往事，一切都像是一场梦。而梦境变现实，我知道，这样的成功绝非偶然，它是一千多个日日夜夜的埋头赶路后蓦然出现的又似曾相识的光芒，魂牵梦绕我的燕园，北京见……

不见羽翼，唯觉欢喜

学员姓名：陆同学

录取大学：北京大学

学姐寄语：不畏将来，不念过往，热爱可抵，岁月漫长。

逝者如斯夫，不舍昼夜。转眼之际，高中三年已矣。站在跑道末端回溯这段时光，许多记忆早已模糊不清，似乎没有什么事物可以为我的高中生涯做个见证。但真的是这样吗？至少我可以笑中含泪为这段故事画上句号，写下注解。

故事是从一个教室开始的。高一的最后一个月，我决定选择文科，这意味着我需要在一个月内补齐之前遗漏的文科课程。那时，年级组为有转科意向的同学准备了两间自习室，而我常常独自一人在一间教室里学习。背诵、写题、总结，小小的一间教室，记载了我对文科的初体验。

我欣喜地发现在那短短的一个月时间，我摸索出了很多对我而言适用两年乃至更长时间的方法和习惯。可以说，当时我达到了学习文科最好的状态，也为整个文科学习历程打下基础。

清晨，我独自一人前往那间教室，拉开窗帘的瞬间，阳光洒落。

傍晚遥望夕阳余晖，与自己说一声“加油”，随即投入晚自习的学习中。语言无法描述其中蕴含的多种美好，但那段岁月足以温暖我的三年回忆，我确信，那间教室，真的是梦开始的地方。

后来，我去了另一个温暖的班集体，又拥有了一批可爱的老师与同学，写下了另一段圆满的故事。和同学们一起跑早操，步调整齐有力，情绪积极昂扬。和同学们一起完成一项项班级分享活动。忽然间，我发现，他们是可以让我完全信任的朋友。有些工作，分配给他们时，我略有担忧，但他们总能及时精彩地完成，一次次用实际行动打消我的疑虑。学习上，我们可以合作查单词，一起探究问题。生活中，我们一起哭笑，一起玩闹，一起寻找学习压力外的小美好。这样的班级，怎能不是每个学生向往的呢？

高中阶段，优秀的师长给予我太多感动。我不会忘记，语文老师每个早自习的陪伴，每日字帖的检查；我不会忘记，数学老师站在讲台上用心地讲解，每一道题都在她的手中迸发出别样的精彩；我不会忘记，英语老师全英课堂带给我的震撼；我不会忘记，政治老师妙语连珠，用幽默的语言讲述国际大事；我不会忘记，地理老师耐心的总结，她总是将题目分析得透彻且全面，以便我们吸收其中的精华；我不会忘记，历史老师所列的每一个提纲，高效总结历史脉络。这一切的一切，早已融入我高中的时光，永不磨灭。

再后来，上了高三，压力陡增，而我一贯平稳的成绩出现了波动。高三第一学期的最后阶段，时值冬季，昼短夜长，披星而出，戴月而归，我甚至产生了错觉，不清楚这一天天是如何流逝的，也不清楚这一天是否真的过去了。每天面对如山的参考书，我还需要处理好做题、总结、背诵等多种关系，有时真的会有压力，会有消极的情绪。但压力也是动力，在摸爬滚打中，我练就了顽强的心态、细心的品质、全面的知识体系与独特的方法技巧。在一份份扑面而来的试卷中，我学会了选择，因为某些题目并不值得去写，我可以利用省下来的时间去识记更多的知识点。在一次次跌入谷底中，我培养出“认输而不服输”的心态，承认这次考试的失败，勇于面对，勤于分析，但我从不认为这就是最终的结局，毕竟高考未至，谈论成败为时尚早，而且高考也不能定义一个人的成败，人生道路何其漫长。最终，凭借稳定的心态，我在高考中取得了不错的成绩。

三年间，我总结出了一些适合我的方法，我想分享一下，希望能对将要参加高考的学弟学妹有所帮助。

首先文科生需要的学习技能主要是背诵，因为文科学习中，大量知识都是需要识记的。有些同学可能困惑于一些专家曾说的注重理解，不必背诵一些知识，但在我看来那些最基础的知识还是记下来更能保证得分。举个简单的例子，你现在需要背诵九九乘法表吗？不必了吧！那你小学二年级的时候背诵它了吗？大概是背诵了的。高中阶段是打基础的阶段，此阶段积累一些必备的图表和理论，一定有益处。谁说记忆一定会导致生搬硬套呢？难道就不能灵活应用吗？可你倘若没有最基础的记忆，你将连应用它们的可能性都没有。所以，政史地该背就背，打好基础，未来天地自宽。

其次是练字。练字也是文科生必备素养。一手整齐美观的字，一定会为你锦上添花。试想，文综卷一共有将近二十个小问题，每个小问题都是独立阅卷，倘若字写得好，一套文综卷下来，多个七八分不成问题，更何况语文作文字写得好与不好差别也很大呢。练字是一个日积月累的过程，每日坚持一页半页，定有收获。

最后，适合自己的就是最好的。有些道理，我们小时候往往很清楚，可长大后却常常遗忘。我最后想到的，其实是小马过河的道理。小马要过河了，老水牛说水很浅，小松鼠说水很深，差点淹死它。那请问小马应该如何过河？同理，试问我们应该怎样过好自己的高中三年？我想到的答案是，做好自己，寻找自己的学习方法，不要被周围同学以及一些学长学姐们的经验扰乱了自己的学习进程。比如，在我身边有每天睡很短时间却能精神奕奕的同学，有每天打游戏考试却依然可以名列前茅的理科学霸……而我唯一能为自己做的，只有保持自我，寻找自己的节奏。

回顾高中三年，我最感慨的，或许不是知识的增加，也不是分数的提升，而是心灵品质的成长成熟。在这三年，我见证了太多的感动，许许多多的老师、同学以及我的家长给予了我很多温暖、支持与爱。最后的敬礼要献给那些知道我不完美却依然爱我的人，我将在心中永远感激他们。现在，我真的记不清我做过什么题，练过什么卷子。几年后，学校里也不会有人再打开 648 教室的门，呼唤我的名字，我也不会再坐在那个熟悉的位置，趴在那张熟悉的桌子上，看着熟悉的课本，哼唱着熟悉的歌曲，过着熟悉亲切的高中生活。但是，一切过往总会在一个人的身上留下深深浅浅的痕迹。高中三年，总体上我未曾荒废，我拿着心仪大学的录取通知书，为这三年的点点滴滴感慨不已，最终微笑着，心中默念：

天空不曾留下羽翼的痕迹，我却为曾经的飞翔欢喜。

清北不是“神话”

学员姓名：王同学

录取大学：清华大学

学长寄语：做你想做的，爱你要做的。青春短暂，最重要的是不辜负自己，希望大家都可以给自己一段一生无悔的年华。

拿到清华大学录取通知书，收到来自四面八方的祝贺，我最大的感觉是如在梦中。2020年冬天听学长说过一句话：“不要神化清华或者北大，我们之所以能上清北，只不过是在一次与十几次月考相同的考试中，运气好考得好了一点而已。”所以，每个觉得自己不够优秀的同学，其实可以努力一些，越努力越幸运，清北便不再是“神话”。

高中三年，其实我算不上特别优秀的学生，不过我从没有停止过思考。

高一的时候我的成绩在年级五十名到一百名之间徘徊，除了活跃于社团和学生会，与同年级里的诸多老师及同学建立了很好的关系外，没有特别之处。因而高一是我这三年最快乐的一年，不仅毫无压力，还有一种很愉悦的合群感。这一年，我学到了许多与人相处的学问，也结识了很多朋友，得到了很多老师的青睐。

高二一年的成绩算是高中三年中最好的，基本稳定在年级第十到二十名之间。我还记得2020年《朝花周刊》刊登了一篇文章，那篇文章的观点我现在依然认同并坚持：“不必被条条框框约束，我们要根据自己的能力，跟从内心做自己认为正确的事，哪怕这条路大家都认为是错的，但是有些‘错误’是要自己实践过才算错误。”对这段话，不同的人可能会有不同的理解。我不是鼓励学弟学妹们去挑衅规则，我只是希望学弟学妹们成为有思想、有主见的年轻人，而不是在众人或长辈的期许中迷失真正的自我。这是我用高二一年的“斗争”，从不断的思考与权衡中得出的感悟。

高三这一年，最简单也最复杂。这一年我明白了该怎么努力、为谁而努力，我明白了学业很重要但很多东西比学业更重要。我更加坚信，人不是为了所谓的成功而活着，人是为了所有与自己有关的爱而活着，为国家，为父母，为师长，为知己，为伯乐……我明白无论怎么样，我都会度过这充实的高三，我也会尽全力让结局不留遗憾，让过程更加完美。之所以考上清华，确实是运气起到了一些作用，但这也离不开我高中三年的付出。

思考让我成长进步，让我成为一个有思想的超乎寻常的人。现在回想高中三年，促使我不断进步的因素主要有如下几点：第一，目标明确，清楚自己在做什么；第二，敢于担责，敢于做自己想做的事，并敢于为任何后果负责；第三，要有韧劲，保持韧劲，持续发力；第四，要有乐观、善良、感恩之心；第五，坚持思考，没有思考能力的人很难走出自己的道路。要想真正地打拼出自己的一番天地来，必须进行独立的思考。关于进步每个人都有自己的看法与理解，希望学弟学妹们可以从中得到些许启发。

在这里，我也想着重讲讲乐观、善良、感恩之心。如果人是乐观的，那么一切便都能抵抗，这也是我保持乐观心态的原因。善良，是世界上最美的成全，也是最好的投资，付出了善良，一定会收获温暖。我给予过善良，也接受过善良，无论哪种，都会获得无与伦比的愉悦感。善良的人总是快乐的，善良不止改变了我的心情，更改变了我的心境，提升了我的修养。感恩是一种生活态度，是一种善于发现生活中的感动并能享受这一感动的思想境界。生活处处可感恩。感恩无私的父母，感恩他们陪读、洗衣、做饭、随叫随到的陪伴，感恩父母竭尽全力地为我们提供良好的生活，感恩父母如山般的支持给我无穷动力……感恩青春，青春是人生中最美丽的风景，是一生中最真切的回忆，短暂而美好的青春，标志着成长与未来，记载着掌声与欢笑。感恩生活，每一种苦难都是在塑造我们，每一个成就都是在奖励我们，现在所发生的一切，都是生活要把我们变成我们要成为的那个人。而生活也不止这些，我难过时最爱和同桌说的话就是，天空这么蓝，树木这么绿，操场这么生机勃勃，晚霞这么醉人，看着这么美的世界，我有什么理由不开心。我不知道是否有人能感受到这苍白的话语中真切的情感，但我还是要强调——学会感恩，谨存一份感恩的心，我们生命的每段历程才会充满温馨与感动。

最后，还要同学弟学妹们分享一下学习资源的高效利用。高三进入全面复习阶段，三年的知识要融会贯通，知识量大，难度大，系统性及综合性强，学习进度快，起初让我手忙脚乱、不知所措。这时，最好找到适合自己的方法来梳理、巩固知识。我加入了高途课堂的学习，高途课堂的老师们水平极高，课程中老师们会更注重实用，讲授知识的同时，更注重知识的灵活应用，这种授课方式激发了我的学习兴趣，也让我耳目一新。网课的学习不受时间、空间的限制，可以随时随地进行，也可以根据自己学习的需要，或自己的时间来安排进度，重听或选择性听取部分内容，高三阶段时间虽然紧张，但是总有一些碎片化时间可以利用，比如午休或周末，我都会随时学习，这种学习媒介及学习的方式使我非常受益。希望学弟学妹们可以从我的分享中获得一些有用的信息。

世间最宝贵的就是今天，最易丧失的也是今天，愿你在未来的一年中，无限珍惜这每一个今天，积极“备战”；乐观“应战”；努力“奋战”；争取“胜战”！

认清自己，选择自己的道路

学员姓名：孔同学

录取大学：北京大学

成长寄语：对于攀登者来说，失掉往昔的足迹并不可惜，迷失了继续前行时的方向却很危险。

在高考尘埃落定之后，我淡淡地分享一下自己的回忆与感悟，把我最真实的一面展露出来，希望能给正在阅读此篇文章的你一些激励和启示。但请不要将我的经历视为模板，因为每个人的经历和收获都是独一无二的。若我的经历能给你带来些许可借鉴的有益信息，那也便是这篇文章的价值体现了，很感谢有这样的机会，借助这篇文章来帮助到此刻阅读的你。

对我而言，高一是高中生活中十分艰难的一段时期。繁重的课业、奥赛学习的瓶颈让我不止一次萌生了放弃的念头——退出奥赛班的学习，去普通班吧，那样或许会轻松一点！但是，我最终还是没有放弃——坚持一下，再坚持一下吧，或许事情就会出现转机。转机果然出现了，我逐渐适应了奥赛班的学习和生活，摸索出了适合自己的一套方法。这段经历给予我宝贵的财富，帮助我在接下来的学习和生活中顶住压力、负重前行。

在高一接下来的学习和生活中，我依旧没有懈怠。除了按时完成老师布置的作业外，我还另外找一些练习题，针对自己的薄弱环节发起猛攻，争取做到不留疑点、不留死角。这对于准备参加奥赛的同学而言至关重要，我从奥赛班回普通班后之所以能够较快跟上原有的学习节奏，多亏高一时打下的坚实基础。

高二时，我选择了停掉日常的课程，学奥赛知识。老实说，现在想想，那是一个比较冒险的举动——我在高一和高二的高中生数学联赛中都没有拿奖，而身边的同学大多已经有了全国初赛二等奖保底。以至于我的父母都劝我退出奥赛（事后我知道他们给我的奥赛教练打过好几次电话）去学文化课。

我也明白，奥赛之路十分艰辛，那为什么如此坚定地选择奥赛呢？于我而言，原因有三：一是证明自己的实力，圆自己的一个梦；二是取得优异成绩，至少拿个全国初赛一等奖，对综合评价招生、强基计划有帮助；三是开阔视野，培养坚韧意志和抗打击能力。我相信自己有实力，只要再给我一年时间，我是可以拿到全国初赛一等奖的。

“尽吾志也而不能至者，可以无悔矣，其孰能讥之乎？”只要做了决定，并为之全力以赴，不论结果如何，都不必遗憾。果不其然，功夫不负有心人，在高三时，我如愿以偿，进入全国决赛省代表队。

随后，在同学们纷纷回校学文化课的时候，我还留在奥赛室。我知道，接下来的考试难度不可与之前同日而语。有同学随口说道："我要是进了全国决赛省代表队，就留在教室学文化课，到时候拿个铜牌也是值得的。"但是，我心中，始终有一个声音："都已经到了这里，能不能再前进一步呢？"

于是在接下来的一个多月，我依旧在和难题死磕。

但是，结果不尽如人意。在考 CMO（中国数学奥林匹克竞赛）的时候，我还是大意了。第一天我解出了一道，只要第二天再解出半道，基本上就能拿到银牌。然而，在第二天考试的时候，不知道是紧张还是其他原因，我的思路"冰泉冷涩弦凝绝"，四个半小时后，我的答题卡上依旧近乎空白。我与银牌失之交臂。

回去后，我迎来了高中生活中最艰难的一段时期。在 CMO 中没有取得较好的成绩，强基计划没有破格入围的资格，文化课的学习又落下了一个多月。那时的我，可以说是万念俱灰。但是我知道，单纯的消沉无济于事。于是我又打起精神，全身心投入到接下来的文化课学习中。

所幸，高一打下的基础让我很快回归状态。我忘记了自己在全国高中生学科竞赛取得的成绩，或者说，以之为耻。从那以后，我要求自己，尽可能地抓住每一次机会，不再错过任何一个可能的机会。忘记白天，忘记黑夜，对于我而言，生活中似乎只有学习。在冲刺的时候，我有过好几次头晕，经历过好几次低谷。没关系，调整状态后，我只管继续冲刺。

虽然我的成绩大体是上升的，但起伏还是很大，如同过山车一般。每当考试成绩不理想时，我立刻及时总结复盘，查漏补缺。不知在第几次考试之后，我终于决定给自己定一个目标：考到全班第一。在那之后，我更加用心对待每次考试。每次成绩发下来后我都紧紧盯着名次，希望看到“1”这个数字。虽然希望一次次落空，但是我仍然不气馁。就这样，不知不觉，高考将至。

考完数学的那一刻，我的内心崩溃了——最后两道大题的最后一问都没解出来，选择题改了两道，这可是 10 分的浮动啊！考完语文和数学后，我哭着给我妈打电话：“妈，考得不好，题太难了。”“没事，你要相信自己，题难大家都难，不要影响接下来的考试。”电话那头的安慰让我找回了些许自信。在接下来的备考过程中，我将考过的科目全部忘掉，专注于未考的科目。经历了语文和数学的洗礼，在面对接下来的科目时，我有了充足的心理准备。但始料未及的是，化学和生物又打了我一个措手不及——以前没做过这么难的题啊！面对这突如其来的状况，我改变了做题策略，先确保把能得到的分拿到手，保证在一个半小时内使我能得到的分数最大化。在考完生物的那一刻，我长舒了一口气。高中生活，伴随着收卷铃声落下帷幕。

终于，我抓住了最后一次机会，实现了一直以来的梦想——高中第一次全班第一，也是中学的第一次年级第一。尽管高考前我的成绩一直徘徊班级十名左右，但我相信我高考一定能考好，一定能。正是这样的信念支撑着我熬过了高三的那段“黑暗时期”，自信是黑暗中最明亮的光。

我的高中生活有起有伏，有笑有泪，有喜有忧。我曾站在巅峰，也曾跌下深渊。但所幸我不曾放弃，最终收获了最好的结果。我深信，只要放平心态，拼尽全力，每个人都可能创造奇迹。

相信自己，全力以赴，说不定奇迹就会在下个转角出现。

念念不忘，必有回响

学员姓名：李同学

录取大学：清华大学

成长寄语：只有登上山顶，才能看到那边的风光。

收到清华大学的录取通知书后，看着印有自己名字的清华大学校门的通知书，心里突然感慨万千，因为三年的“念念不忘”，终于有了回响。

“念念不忘，必有回响。”这是班主任送给我们的话，也渐渐变成了我的人生信条。我虽然不算是什么天才少年，但是在升入高中之前，因为沉稳认真的性格，学业上倒也一直顺风顺水，名列前茅。升入高中以后，眼界打开了，认识的“竞赛大佬”也多了，自己的定位就渐渐清晰了：我没有“大佬们”聪明绝顶的大脑，只能通过踏踏实实地走高考这条路进入我梦想的大学。

而今，我站在高考成功的峰顶往下看，着实觉得这条路虽然难走，但只要足够努力，就可以到达峰顶，美梦成真。在此，想给大家分享一下我“攀登”的经历，希望给那些正在“攀登”的学弟学妹们一些鼓励的同时，也能提供一些可以借鉴的经验。

山脚下，立雄心壮志

我是一名光荣的教师子弟，是在爸爸妈妈任教的高中“混”大的。每年六月，都能听到老师们津津乐道着“××× 考了 ××× 分”“××× 能上清华北大了”。听妈妈说，小时候我问她清华和北大哪个好，她说应该是清华吧，结果初生牛犊不怕虎的我大放厥词：“那我以后就考清华了！”虽是玩笑话，却已在我心底埋下了考名校的种子。

进入高中之后，我也一直把清北当作自己的奋斗目标。中间虽然有过短暂的失意，调整过目标，但好在最后在班主任老师的分析及鼓励下又调整回来，最终完美地达成目标。现在想想，若我当时若抱着一个考取别的大学的目标过完了高中，最后可能连调整后的大学都未必能考上！由此，我想告诉学弟学妹们的是，一定要有自己的目标，并为目标坚定不移地去努力，去奋斗。千万不要因为一次或几次考试的失利而调整自己的目标。即使目标最终不能实现，但在努力追求这个目标的过程中，也会受益许多许多……努力过的人一定不会被上天辜负！

半山腰，需咬牙坚持

高一、高二我一直稳居年级前三，所以没有什么心理压力，学得倒也还轻松。但是到了高三，时间相对比较紧张，学习强度大，复习节奏快，考试频次多。而我每次考试都好像不在状态，频频出现不可原谅的错误，分数和排名更是惨不忍睹。再加上老师和家长都对我期望很高，我当时可谓是又急又无奈，不知如何是好。有一次压力大得实在受不了了，下晚自习去操场上边跑边哭……

假如你在学习中遇到这种努力了却看不到成效的情况，我想送给你梁启超先生的一句话："年轻人啊，你一定一定要很努力，但千万千万别心急。"进入高三后，大家几乎都会面临一个瓶颈期，并且这个时期一定会对你的信心有所打击，让你产生"我努力了也没用"的错觉，进而可能会放弃努力自暴自弃。因此，我想提前给学弟学妹们打个"预防针"，出现这种状况后，一定不要着急，更不要轻言放弃。这可能会是一段特别难熬的阶段，或长或短，让你感到绝望，看不到光。可是，沉溺于抱怨、苦恼是没有用的，难过痛苦更加无济于事，倒不如收拾心情，抖擞精神，昂首挺胸去面对，若努力一个星期没用，那两个星期呢，一个月呢，三个月呢，整个高三呢？没试过怎么知道不会有收获？如果这种情绪自己无法排解，一定要及时找老师、家长或者学长学姐倾诉，他们的经验毕竟比我们丰富得多，一定能为大家的高中旅程排忧解难、保驾护航。为头脑不断注入源头活水。一分一秒，都是你超越自己的契机。每一分耕耘，都会助你乘风破浪。直挂云帆济沧海时，你一定会感谢当初努力的自己。

当然，如果你有幸取得了一点成绩，也千万不要浮躁，产生骄傲情绪，从而停止努力，也就是不能"三天打鱼两天晒网"，否则你前面的努力就白费了。

将登顶，要放平心态

对于高考这件事，同学们应该在战术上重视，在战略上藐视。我的模考成绩一直不怎么理想，所以倒也没有什么压力，高考的前一晚睡得挺香的，高考也算正常发挥吧！

还有，切记，考完不要对答案！我考完语文出考场的时候听旁边几个其他学校的同学讨论题目，就发现我居然有个名句默写答错了，顿时心态就有点崩，还好很快调整了过来。因此，大家不管是平时考试还是高考，一定不要给自己太大的压力，放平心态，老老实实地做好自己面前这道题就好了，不要过于在意结果，只要你努力过了，无论结果如何，一切都是最好的安排。

现在回头看，对于高中生来说，如果你选择了参加高考这条路，就坚定不移地走下去吧！心之所向，素履以往；念念不忘，必有回响。

也繁华，也荒芜

学员姓名：陈同学

录取大学：清华大学

学长寄语：高中三年，是为梦而战的三年，是激情燃烧的岁月，我们都身处阴沟，但总有人在仰望星空，星空之美，唯有锲而不舍者才可看到。

一千多个日夜的点滴，每一次的笑容与泪水，每一盏深夜里的明灯串联起了我的三年高中岁月。我很难用一句话来形容这三年的时光，但如果一定要形容的话，我觉得应该是，也繁华，也荒芜。

初入高中，年轻气盛

初入高中的我，戴着中考优异成绩的光环，依然认为自己披着初中优等生的外衣。可是当第一天来到这里，望着橱窗里那么多清华北大学长学姐的照片，听着在体验营讲座上踊跃发言的“学科竞赛大佬”讲话，我第一次感觉到了自己的渺小与无知，我曾认为很努力的初中三年，原来已经与别人拉开了如此大的差距，内心五味杂陈。于是在这个暑假，我再也没有一刻放松，自学完了高一上册所有的内容，还开始接触数学竞赛。虽然比较累，但那种充实却让我十分兴奋。

正式开学后，我分到了竞赛班，凭借自己自学的基础，我在前两次月考中基本稳定住了自己的名次。但这时我也开始有点飘飘然，把更多的精力放在了竞赛上，甚至每天在上其他课的时候也在解答很难的竞赛题。但这种策略很快收到了警诫，第三次月考我的成绩大滑坡，尤其是语文和英语，总成绩排在全校 300 名以后。出成绩那天我辗转反侧，彻夜难眠，最终我认识到了学习策略的疏漏，我应该把重心放在自己高考课程的学习上，弥补上半学期基础知识的不足，终于在期末考试时成绩又回到了原来的水平。

荒芜之后，必有繁华

我个人很喜欢史铁生的一句话：命定的局限尽可永在，不屈的挑战却不可须臾或缺。而这句话也适用于我的高中三年。文理重新分班之后，竞赛班被取消，一切从零开始。刚开始我对新班级的节奏和氛围还很不适应，相较竞赛班而言，这里的学习节奏、上课进度比较慢，因而我有了更多的自主学习时间。在一番权衡之后，我认识到了自己的欠缺，最终放弃了学科竞赛，将所有的精力与时间都放在了高考课程上，开始弥补自己所有学科的短板，语文和英语更是从头开始。每天的学习都很琐碎，但我能感觉到，我每天都在进步，这也让我很欣喜。

经过高一一年的磨炼，我最终找到了适合自己的学习方法，因此在业余时间参加了很多活动。暑期研学、千人远足都让我收获颇丰。但正当我自信满满地准备迎接2020年时，新冠肺炎疫情打乱了我原有的节奏。在家学习的三个月，可能是我高中三年中最享受，但也最煎熬的一段时光，自律性不够的我很多时候都完不成规定的任务，在最后一个月睡懒觉、应付打卡也成了常态化操作，而这些也为我开学之后的很多次考试崩盘埋下了雷。

正常开学后，一轮复习的冲刺号角也紧接着吹响，倒计时开始，我们也在毫无准备下正式进入了高三。二十六次调研考试的轰炸、大大小小的周练和对抗赛接踵而至，气氛让人窒息，倒计时上的数字一天天地减少，从三位数到两位数再到一位数。有人感觉高三一年很漫长，但在我看来却非常短暂，可能是因为这300多天里，我们都在专注准备一件事情——高考。

当然，高三一年更难忘的还有那无数个瞬间。无论多忙老师每个月都会抽出时间给我们过生日，定期两个自习，让其他班羡慕不已的大体育课，考完试后那个自习班里固定的“茶话会”，每节数学课前的歌王争霸赛，开春之后的白马寺植物园下午春游，春节前的对联与红包。在最紧张的日子老师也会准时给我们发糖，还有离校前最后一天的“一举高粽”，互相的加油助威。现在想来都让我泪目，让我感动。三年时间很长，但因为有了我们这个集体相互激励前行，我的内心多了一份温暖以及不舍。

当谈到高考，我会想到什么

高考仅仅过去一个多月，但在我的记忆中，高考已十分模糊，留存的也仅仅有几个瞬间。语文刚考完的自信满满，以为肯定是“130+”与对语文答案时怀疑人生的反差；数学刚考完的倾盆大雨与冰雹中自己仍在回家路上心中默算最后一道大题；理综考前自己突然拉肚子，在忐忑不安中完成了高中三年感觉最难的理综考试；英语做完形填空时自己的思维混乱与柳暗花明的领悟，真正交了卷后，没有任何欣喜，自己居然出奇冷静。可能这些就是我高考仅剩的记忆吧！

我一直坚定地认为，高中三年留给我们的不仅是一封轻薄的录取通知书，我们收获的还有和同学、老师朝夕相处的情谊，每一个日夜坚持不懈的精神以及善于列计划并坚决执行的习惯，这些才真正是陪伴我们一生的财富。

最后，我想告诉学弟学妹们的是，首先，在学习中一定要重视基础，重视课本，切不可步入过分刷题的陷阱中，得基础者得天下。在每一次考试中，一定要抓住机会，弥补自己基础知识的疏漏，而不要过分关注一城一地、一分一题的得失。其次，坚定自己的信念，找到适合自己的学习方法，切不可偏听偏信，将别人的方法照搬照用。高中三年最关键的是找到并坚守自己的学习节奏，这样就会事半功倍。最后，一定要有高度的自律性。这个自律性既指要管得住自己，抵制一些电子产品的诱惑，也指在平时学习生活中要有自己的计划，坚持按照计划去学习并定期总结，才能取得更好的效果。

长风破浪会有时，直挂云帆济沧海。希望每一个学弟学妹都能在未来的高考中取得优异的成绩，实现自己的梦想。

不甘平凡，勇往直前

学员姓名：程同学

录取大学：北京大学

成长寄语：志在峰巅的攀登者，不会陶醉在沿途的某个脚印之中。

高中毕业已一月有余，但高中生活的点点滴滴犹如在昨日，回望我的高中三年，仿佛无比平淡，却又令人无法忘怀。

还记得高一刚入学时，我只是在班级中游挣扎，成绩一直无甚起色，和初中相比，产生了巨大的落差。但一切随缘的我并未感到挫败，我自认为自己是潜力股，慢慢来就好，但高一期末我考到了年级一百多名，失落感成功将我包围。所以我“被迫”重整旗鼓，打算于高二一展雄风，因此出现了连续四次月考次次进步，期末考到年级第二的高光时刻。

到了高三，我的心态逐渐平和。用一句话来讲，就是打算到最后一百天再开始努力。于是我便开始了我的看书之旅，每天晚上都会抽出一个小时左右的时间看书，直到毕业我看了大约一百本书吧，从杂志到小说再到散文，看书使我度过快乐而又充实的高三。坚持看书对提升我的成绩有很大的帮助，我在英语阅读理解中遇到过此前看过的文章，语文作文里用到了记过的好句。

在最后一百个起舞的日子中，我抓住一切能够利用的时间，紧锣密鼓地为高考做着最后的冲刺。在紧张的百天里，连米饭都感觉比平时香，夜晚的风也比平时凉，天气比平时晴。每天都在做简单的自己，除了课间的休息时间之外，围绕着我的都是学习、学习、学习，学习成了唯一可以做的事。

在这个阶段，我会经常归纳总结，找出自己的薄弱项。首先，我会对课本知识进行归纳总结；其次，也会对练习、试题归纳总结，从而形成一张网，通过联想延伸来记忆；最后，我也会针对曾经做过的错题建立错题库，同时归纳同类错题，这样既可以找到自己的薄弱环节，也方便下次遇到同类型的题能够举一反三。

距离高考的最后一个月，大家已经忘记了哪天是周一，哪天是周末，更不要说什么假期了，每一天都是在冲刺：天刚蒙蒙亮，已经起床在背文言文；晚上 11 点了，仍然奋战在数学难题一线，决心“不破楼兰终不还”；即使回到宿舍，还会打开台灯继续背单词。

在如此紧迫的时间里，如何做到明确规划、合理利用就显得尤其重要。高考那么多科目，每天的复习就要有所侧重，不可能科科都兼顾。在最后阶段，课堂上老师讲解得细致的内容，我基本上会利用课间休息时间及时消化；课堂上老师讲解得不够完整的内容，我会再通过高途课堂强化；每天晚上我会重点复习两个科目，回家后我选择回归课本，对知识点做梳理。

高考之际，心态极其重要。高考数学考完时，我被迫和旁边两个人对了答案，选择题错了一个，填空题还有一空出错，说实话，当时心态有点受影响，有点担心最终的成绩。不过晚上在操场散步时，看着身边的同学和天边的彩霞，我豁然开朗，已经没有办法改变的事情就不要在意了，在接下来的考试中要吸取这次教训就可以了。于是接下来的每一次考试前我都会回想数学的挫败，数学之后，再无遗憾之痛。可喜可贺，在一番“战斗”之后，我在人生的第一次大考中取得了理想的成绩，也算是对得起我的付出了。

最后用一句话总结我的高中生涯，尽了自己应尽的努力，收获了想要的成绩。我曾于课桌上写下里尔克的“你终于闪耀着了吗？我旅途的终点”，现在我可以说，闪耀着了啊，少年。

《解忧杂货店》中写道：“放弃不难，但坚持一定很酷。”我想对高中阶段的自己说：“你在高中遇到了很好的同学，酷酷的老师，谢谢你曾经的坚持，将来就交给我吧！”

唯念三年岁月稠

学员姓名：丁同学

录取学校：清华大学

学长寄语：众生牛马，才能换来诸佛龙象，享受你现在的磨难吧，因为它是通向你所想要的生活的必由之路。

当年时光只道寻常，不觉出彩，如今回首才知，那些平淡的日子，是再也回不去的往昔。

回首刷过的题、看过的书、波动的成绩，眉头舒开又紧蹙，笑颜消失又再现。看着校园来来往往的人们、教学楼前留恋的身影，还有匆忙的学弟学妹，内心深处泛起一层波澜：曾几何时，我也同当下的学弟学妹们一样，迷失，落寞，最终找到希望，走向希望。可高中三年的日子不都是这样过的吗？短暂的欣喜和无尽的寻常反复交替，一点点走向自己的梦。

依稀记得刚入学时的军训，转眼踏出了一中的校门。在这所学校，沐浴过春风夏雨，陶醉过秋月冬雪，嬉笑怒骂、悲愁哀乐之间，我领略了“健全人格”的深意。要是没有班主任的引导，青春怎么能不迷茫？要是没有老师的包容，个性怎么能永发光？

各科老师的谆谆教诲，从来都不只是为高考，更是为我指明人生道路，雕琢着我的青春和未来。

那时的我曾不止一次设想我的人生，是在困境中成长为一个独当一面的男子汉，还是随遇而安做一个俯仰由人的平凡人？时光匆匆，我看见自己高一时懒散怠慢，宛如初生牛犊般妄为；看见高二时忙里偷闲，在匆匆中寻找乐趣；看见高三时痛苦迷茫，不甘平凡努力奋战的日夜。或许你也像我一样，辜负过几段昂贵的时光，但是不要悔，更不要怕，这就是我们走过的青春，努力珍惜这段单纯而值得奋斗的岁月，明天的你定然会体会到我今天的欢喜。

最迷茫、难熬的是面对疫情，隔离、封闭、压抑充斥着生活，返校遥遥无期，起初窃喜自己的网游又可以多登录几天，却在自我放纵了一个月之后，骤然惊醒。是啊，巴菲特曾经说过：“只有当潮水退去时，才知道谁在裸泳。”我开始彷徨，开始寻找出路。究竟该怎么走剩下的路？成了那段时间最困扰我的难题。一天天刷题巩固知识点，一遍遍翻书温习基础，纵然学得很用功，掌握了很多知识点，却总觉得差那么一点点，好像墙上画的威严长龙，还是差冲破桎梏的点睛一笔。就这样浑浑噩噩地过到最后一个学期，幸运的是我遇到了高途课堂。灵活的上课方式和高效的课程内容使我如鱼得水，授课名师的经验为我雪中送炭，学习中我理清并掌握了重点，突破了难点，排名也在起伏中上升。高考越来越近，而我的焦虑也化作自信，最终走向高考的顶峰。

一个人应挑战的往往是自己，只要战胜了自己，外界的困难都会变成暂时的，内心强大的人永远不会输。你或许因理想与现实之间的差距而失望，或许因短暂的胜利而骄傲，或许因生活的不顺而迷茫……可这些都是常态，你是否做到了不以物喜不以己悲呢？保持一颗平常心真的很重要。或是换个说法，就是让自己保持冷静。头脑发热、盲目前行的人或许会暂时领先，但不可能长久领先。只有清晰地分析自己，才能知道自己想要什么，才能明确自己的小目标，进而为了这一个个小目标的实现而努力向前。

勇敢向前吧，学弟学妹们！前方有无尽的迷雾要去闯。当你们走上山顶的时候，别忘了每一级台阶，别忘了每一棵为你提供阴凉的树，别忘了那条曲折陡峭的山路。那些陪着你成长的老师，他们的付出超出了你们的想象；那些与你日夜相伴的同学，无论亲如手足，还是稍有摩擦，都值得被感谢。所有的苦难都是馈赠，毕竟是它们铸就了现在的你。

仅仅毕业几周，高中校园就常常出现在我的梦中，年少的愤世嫉俗，轻易满足，热爱与痛苦，都被尘封在一本烫金大字的红底证书中，等待着我忘却毁誉，去开启新的岁月。而母校的学弟学妹们，也会继续攀上这个小小的峰顶，去追逐属于自己的梦想。

篇二

学习方法篇

「少而好学，如日出之阳；壮而好学，如日中之光；老而好学，如秉烛之明。

——刘向」

他山之石，可以攻玉

学员姓名：杨同学

录取大学：北京大学

学长寄语：每一棵健康的树，总是孤独地刺向苍穹。成长的路必定孤独，坚持的路难免寂寞。但是当你翻过山的那边时，发现一切努力都值得。加油吧，少年！

大家好，很高兴能有这样的机会，同大家一起分享我的学习经验。所谓“他山之石，可以攻玉”，总结以下几点学习体会，希望对处在高中阶段的你，有所帮助。

第一，注重基础，把握概念。

九层之台，起于垒土，在我的学习过程中，始终觉得基础是最重要的。比如，学写字的时候，横竖撇捺是基础；学开车的时候，了解刹车、油门、离合器是基础。同样，学习知识的时候，最基本的定义、概念、定理、公式是基础。对于各个学科来说，这些东西都是深入学习的基石，必须要及时理解消化，不能有半点马虎，要做到咬文嚼字，逐字逐句地理解。

举一个例子，高中数学函数的定义，设 A、B 为两个非空实数集，如果按照某种确定的对应关系 f，使对于集合 A 中的任意一个数 x，在集合 B 中都有唯一确定的数 y 与之对应，那么就称 f: $A \to B$ 为集合 A 到集合 B 的一个函数。记作 $y=f(x)$，$x \in A$。这里要注意几点，一是非空，即不能是空集；二是数集之间的对应关系；三是 y 值唯一确定。

只有深入理解了基本概念，才能为后续的知识打好基石，否则就会学得越来越吃力。所以基础有问题一定不要拖，解决的最佳时机就是现在。打好基础，铸就成就。

第二，及时总结，经常复习。

对于学习过的知识，一定要及时回顾，否则就会出现学了后面忘了前面的情况。有一些基础知识或已经掌握的知识，一段时间后可以在大脑中做一个系统性的复盘，不需要专门花费大块时间，可以利用课间或跑操的碎片时间想一下。这样会使我们在很短的时间内完成知识的梳理总结，做到温故而知新。对于一些有挑战性的内容，可以在学习过程中及时总结，把一些不熟悉的知识点记下来，然后课下反复看，错题也可以每隔一段时间做一遍。

第三，勤于提问，学会交流。

“君子之学必好问，问与学，相辅而行者也。非学，无以致疑；非问，无以广识。”我认为在自己学习经验中最重要的一点，就是敢于提问、勤于提问、重视交流。在平时学习中，如果遇到不理解的地方一定要及时解决，下课问老师或者同学，不要怕被拒绝，要以解决问题为目的。同时，在平时学习中，同学之间一定要交流，如做了一道有特点的题很有体会，应该分享给同学。千万不要有偷偷比别人多学这样的心态，因为高考是和全省的学生竞争，而不是和班里的同学竞争。所以同班同学是考场上并肩作战的战友，一定要相互学习、相互进步。

第四，深入思考，简单理解。

“学而不思则罔，思而不学则殆。”对于理科生来说，数理化是关键。在学习过程中一定要对一些问题进行深入思考，多探讨。比如，数学中一些定值定点的问题，可以把题目的结果一般化吗？如果可以，那么在什么情况下可以呢？如果不行，那定值定点是如何构造出来的呢？对这些问题自己可以多思考，多与人交流，这样可以加深对答案的理解，甚至可以揣摩出题意图。对于一些复杂问题，可以尝试做一些简单化理解。比如说，数学中的一些问题可以取特殊情况得出答案；物理可以考虑极端情况来理解整个过程的变化；化学中很多反应问题都可以当作平衡来理解，如二价铁与碳酸氢根的反应。

第五，以“我”为主，坚定信念不动摇。

有一个观点我很赞同，就是学习的本质是自学。无论是在学校上课还是上网课，其实都是自学的过程，只是接受信息的媒介有别。学不学得会，关键要看自己是否真正领悟，而领悟的过程必须自己完成，也只能自己完成，靠不了别人。所以说，学习要以“我”为主，“我”去学，“我”去想，“我”去领悟。另外，能全面认识自己的人只有我们自己。我们应该全面认识自己的实际情况，确定可以通过努力有希望达到的目标，然后针对自己的不足制订合理的计划，一点一点去进步。有了目标就不要动摇，而有了计划就要坚定执行，不要拖延，不要过分强调学习的困难，要调动自己的主观能动性。只要路是对的，就要披荆斩棘，一往无前，义无反顾。

回想自己的学习经历，感慨万千。我上初中时，一个年级才一百多人，并没有多么好的教育资源，全靠自己一步一个脚印走出来。别人不敢问我去问，别人不想学我在学，别人懒得想我去想。我自知自己并不是一个一学就会、一点就通的聪明孩子，但是我知道我想要什么，我该怎么去做。每次当别人放弃时，我就坚持了一点点，最终从矿区育才考入大同一中，又从大同一中考入了北京大学。希望这一路上的学习体会能对大家有所帮助。

山再高，往上攀，总能登顶；路再长，走下去，定能到达。与诸君共勉！

送我去北大的八条秘诀

学员姓名：曹同学

录取大学：北京大学

学长寄语：在该低头的时候能埋头苦学，才能在抬起头时看到更宽广的未来；在该流汗的时候不辞辛苦，才能让未来的泪水饱含的是喜悦。

亲爱的学弟学妹，见字如面。现在我将总结的八条秘诀分享给此刻正在读这篇文章的你。

第一，高中三年我最想告诉各位学弟学妹的是，心中要有梦想，任何时候都不要放弃自己的梦想。高一高二时我考过年级第六，也考过年级一百多，但任何时候我都没有放弃向往北大的心，在高三任何奇迹都是有可能创造的，高三开始的多次考试我都在七八十名徘徊，这样的成绩想考北大无异于痴人说梦，但是因为心中有北大，我很少自暴自弃或质疑自己的能力，即使偶尔心中沮丧，也能迅速调整回正常的状态，在短短几个月中我便冲进了年级前五。古语云：求其上者得其中。向着最高的目标前进，付出努力，哪怕这个目标看起来不可能，终会不留遗憾。

第二，就是老师们都强调的回归课本。对于物理选修部分，化学和生物甚至是数学等学科，掌握课本内容比多刷几道题、多做几张试卷更有效，并且经常可以从高考题目里看到课本原题或是课本上阅读材料的身影，而这常常被我们忽略。另外，反复阅读课本时我们会对同一个命题或定义随着时间的推移产生新的理解或提出新的疑问，进而更好地掌握这一知识，我们完全可以在刷题的间隙选择阅读课本作为简单的中场休息或是调剂。

第三，我分享一个整理错题的方法。针对知识性问题，找出这一知识点所在的课本以及相应的教辅资料，针对这一知识点进行整体梳理和学习，而不是简单地将原题剪贴在笔记本上或抄写下来，这样的好处不言而喻——可以二次巩固知识；针对非知识性问题，如面对常常犯的低级错误，或是常常忽略的题目要点，或是常常看错的题眼，都可以写在笔记本上，然后在复习前过一遍笔记本，加强对这类易错点的警惕性，也许在考场上能起到“逆转乾坤”的效果。

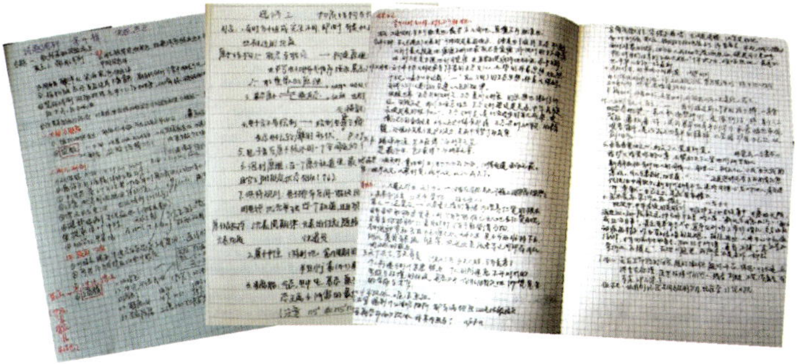

第四，是关于“刷书”的方法。高三的学生手中经常备有试题调研系列的书，或是某些专题类书籍，如古汉语、文化常识、作文模板等，这些书籍通常体量较小，适合短时间高强度阅读，

用最少的时间过完整本书，这样一方面可以避免在高三课业压力比较大的情况下造成半途而废的后果，并且在阅读过程中以自身情况为基础，精选出自己认为的重点、难点、易错点，或是让自己眼前一亮的题目和内容，可以剪贴在笔记本上，或是做一个检索表，为精选内容起一个精简的名字并附上页码，将其一点点读薄，方便自己二次复习和随时查阅。

第五，就是很多同学都头疼的手机问题。一方面用手机查资料的确是必要的，问题如果没有及时解决，很可能会与这个问题擦肩而过，为高考留下定时炸弹。另一方面包括我自己在内的许多同学在手机面前都难以自制，随时可能把宝贵的学习时间用在娱乐上。对此我还是建议把学生个人的手机换成老年机，而查资料、听网课都用家里的平板电脑或父母的手机，每次使用时父母知晓并随时监督，除非是少数自制力强的同学，否则不要相信自己的自制力，不要用高三的时间来检验自己的自制力，因为你输不起。

第六，是许多高分段学生遇到的问题，即自己有时会根据近期的学习情况针对发现的问题制订特定的学习计划，当自己的计划和学校的安排冲突了怎么办？在我个人看来，应该以自己的计划为中心，各位高分段同学都是有能力进入清北的，身处这一高度，学校和老师可能无法再给出更好的指导，自己的问题在哪里只有自己知道。学校的统一安排是面向全体学生的，有针对性地学习必然比无目的的努力更有效，所以当时间精力真的有限时，要以自己为中心，以“我”为主。

第七，是关于如何面对学习过程中产生的倦怠心理。在四月份我的成绩经历了一定的波动，同时出现了严重的倦怠心理，我当时选择请假一天，看了一场电影，以为通过这种方式的休整能够有所好转，但其实这只是逃避，再过两三天同样的心理又会出现。当这种心理出现的时候最好的办法还是坚持把该做的事做完，或者去操场上跑几圈，吃些自己爱吃的东西（比如我会买一块小蛋糕）来作为调剂，也可以选择一本书（我在班里放了一本《欧·亨利短篇小说集》），一旦选择逃避会很容易产生懈怠心理，一味逃避只会导致再次遇到困难时依然想的是逃避而非想办法解决。

第八，是关于作文的问题。作文的素材积累可以来自于但不仅限于作文素材类书籍，在使用作文参考书时要把认为好的材料摘抄下来。除了作文素材，平时的语文阅读以及很多其他看似和作文无关的材料，都可以随时摘抄其中好的句子。至于英语作文，也一样可以从阅读文本中找到地道的表达，英语作文的特殊之处在于你的字迹和你的表达同等重要，甚至字迹的好坏是优先于表达的优劣而先被阅卷老师注意的。

有志者，事竟成，破釜沉舟，百二秦关终属楚；苦心人，天不负，卧薪尝胆，三千越甲可吞吴！预祝学弟学妹们能实现心中的梦想。

及时当勉励，岁月不待人

——我的高三备考策略

学员姓名：李同学

录取大学：清华大学

学长寄语：唯愿各位学弟学妹能够好好珍惜高中三年的宝贵时光，不求结果有多么华丽，只求过程足够充实。无愧于心，足矣——加油，我在清华等你来！

都说高中学习是一场马拉松，平稳地跑下来当然是好的，但绝大多数人，包括我，在高中前两年似乎都是慢速跑，直到最后一年，才想拼命向前冲。那么在高三一年，制定良好的备考策略极为重要，它能在有限时间内最大幅度地提升个人成绩。

我常把一个人的学习看作向量，既有大小又有方向。你固然要苦下功夫，但不能下错功夫。为了达到最终的目标，有的人一开始便走错了方向，在学习道路上越走越远；有的人确定方向，虽然不是最佳方向，但勤奋刻苦，最终抵达终点；有的人不断调整方向，优化学习方法，不断付诸努力，最终仅走了少量路程便抵达终点；还有一种人，天赋异禀，目标明确，方向无比恰当，他们能走出红色向量的路，最省力地到达终点，甚至能到达下一个终点。

我们应该尽量避免做前两种人，调整后两种人的状态，才能离成功最近。下面就这点，我将从平时、考前、考试期间、考后四个时间段来分享一下自己的备考策略。

一、平时

1. 平时的学习

课前，提前了解下节课的教学内容并预习。

一是可以加深对知识的理解，夯实基础。根据艾宾浩斯遗忘曲线，人对某件事的记忆会随时间推移而衰退。课前预习就是为了利用这一规律，提前吸收一部分知识。如果预习工作做到位，等老师课上讲解时，我们的学习会近似成“第二次学习”（复习），这样可加深对知识的理解，夯实基础。

二是可以提高听课效率。不少同学在上数学、物理等理科课程时都有这个感觉——跟不上老师的节奏，没有办法一边听讲一边记笔记。其实，充分的预习可以让我们有针对性地听讲，更能深入思考老师讲的内容，从而大大缓解这种情况。

三是可以提高自学能力。预习时只有自己一个人，没有老师讲解，这时对知识点的理解程度有多深就体现出你的自学能力有多强。千万不要天经地义地认为只有听老师讲课才算学新课，事实上在高三甚至到以后的大学，通过自学来学习新课是很普遍的。而且这种“自食其力”获取知识的过程，真的会给人带来一种快乐，这种快乐是打游戏、看网文无法比拟的，只有体会到这种快乐，才能反过来刺激自己不断自学。

课中，要懂得高性价比地做笔记。“高性价比”既省时省力，同时又能最大限度地记下课堂的精华。在这方面我感触颇深，给大家几点比较实用的技巧：一是做笔记一定要分类清晰，我认为比较好的记录顺序是“大类—大类里的课题—课题里的模块—每个模块的具体知识点”，并标好页码和日期，便于复习；二是必要时用裁剪导学案（或教辅）并粘贴到笔记本上代替手写笔记；三是把注意力放在知识点上，而不只是老师说的话上，要同步地、理解地去做笔记。

课后，我们需要做的事情较多，我按照紧急程度给大家分了几类，顺序越靠前的越应该先完成。第一，补全课上的笔记并反思，这个一定要先做，不然越拖越不想做了，可以通过借鉴同学笔记、询问老师、自己阅读导学案（或练习册）几种方式来补全笔记，但一定要通过自己思考再补充笔记，而不是机械地抄；第二，先通过做题巩固落实课上内容，再预习新知；第三，通过复习笔记巩固落实课上内容，设置这个环节是为了让我们熟悉自己记的笔记，便于考前更高效地回顾旧知，同时从除了做题以外的第二个维度（复习笔记）来熟悉知识点。

2. 平时的心态

我所在的班是普通班，竞争压力没那么大，所以我学得比较轻松。以获得知识、优化学习方法和思维模式的心态学习。相信有付出就有收获，这里的收获已经不同于惯常我们所说的分数、名次，而是不断积累的知识经验，不断提高的执行力，以及不断变得缜密的逻辑。

3. 平时的生活习惯

在生活上要懂得“投资自己”，简单来说就是对自己好一点。在高中生活尤其是高三生活中，有很多因素会导致精力不足、身体疲惫，比如熬夜，吃得不好或者吃零食太多，心理压力过大等。

举个有些可怕的例子，我高三有一段时间莫名会心慌心悸，因为心跳不规则导致心脏不舒服，医生推断可能是晚上休息不好（那会儿我 12 点半睡），再加上白天压力大造成的。之后我喝了一段时间中药，然后调整作息、适当锻炼，才调理过来。因此，当身体感到很疲惫时，一定要对自己好点，懂得适当放松，磨刀不误砍柴工！

这里有一些提高体力值的方法：

（1）休息时间充足且规律。

晚上至少睡 6.5 小时，最好睡 7 小时。因为睡少了短期还好，时间久了快到中午或者下午时就会感到特别疲倦。至于什么时间开始睡，这个因人而异，最好找个时间点，比如在自己精力即将被耗尽的时刻去睡。

中午在饭后半小时睡20～40分钟比较好，亲测有效。这个时间段午休，既能恢复精力，又不会因为睡太长时间而感到没睡醒。若中午睡眠时间过长，大脑会进入深睡眠状态，醒来后感觉昏昏沉沉，不利于下午的学习。

（2）一日三餐都要吃，而且要吃好。

民以食为天，但吃饭的重要性很容易被大部分学生忽略。我身边有很多同学，早饭随便吃个饼，午饭点个外卖，晚饭不吃，而用零食替代。看似省时间，实则对健康危害很大，长此以往，会对身体产生较大的影响。我认为三餐都要吃好，最好是按照膳食“金字塔”来吃。

（3）适当进行有氧运动。

有氧运动是指人体在氧气供应充足的情况下进行的体育锻炼，是健身的主要运动方式，即在运动过程中，人体吸入的氧气与需求相等，达到生理上的平衡状态。

无氧运动是相对有氧运动而言的。无氧运动大部分是负荷强度高、瞬间性强的运动，所以很难持续较长时间，而且疲劳消除的时间也慢。在生活中，篮球、足球这些高爆发运动属于无氧运动，慢跑属于有氧运动。

建议大家进行有氧运动，因为有氧运动后能迅速恢复状态，不像进行完无氧运动后可能会累得瘫在座位上。我经常在大脑疲倦的时候进行有氧运动，运动后头脑清醒，能很快进入学习状态。

（4）培养一些低刺激的兴趣。

低刺激的兴趣是指不易使人上瘾的兴趣。比如，打游戏就算高刺激的兴趣，很容易使人上瘾、使人分心；而读书、听音乐、演奏乐器，甚至收拾东西，则属于低刺激的兴趣，这些能让自己从忙碌的学业中抽离出来，并乐在其中，且之后能重新获取学习动力。这些事情我们都可以去做，甚至将它们培养成兴趣。

我就比较喜爱弹吉他，平时也喜欢听一些吉他曲。这些爱好有很好的放松作用，同时也提升了我的艺术能力，陶冶了我的情操。

二、考前

1. 考前的学习、复习

建议考前各科都做一套题维持“手感”，需要强调的是，考前需要给各科都分配一定的时间，并尽量把考试考查的内容都复习一遍。

2. 考前的心态

考前的心态基本上和平时的心态一样：为了获得知识，优化自己的学习方法、思维模式、执行力而学习。还需要注意的是，要正确认识考试——考试的目的是检测知识的掌握水平，而不是让你情绪低落、自怨自艾。这样看来，我们在考试中所犯的错误都是有价值的，因为模拟考中犯错总比高考中犯错要好，它给我们指出了需要查缺补漏的点和不足之处。

3. 考前的生活习惯

不要在考前刻意调整作息，否则容易失眠。调整作息应从平时做起，“冰冻三尺非一日之寒”，只有长时间的坚持才能养成良好的生活习惯。有的同学考前入睡困难，我在这里给出一些方法：睡前喝热牛奶、泡脚，不要进行令人兴奋的活动，不要长时间看手机。

三、考试期间

1. 考场策略和心态

（1）时间观念。

考试时最好带一块非电子表，可以不戴在手上，而是放在桌子上，并适时看一眼表以便调整做题顺序和速度。

要熟记各科各部分考题的建议用时，并有自己的做题策略。比如，数学选择题和填空题用时尽量不超过 40 分钟，理综选择题控制在 45 分钟以内，语文作文留 50 ～ 60 分钟。

（2）舍得思想。

在考场上，有的同学抓住难题不放，导致时间分配不合理，失分严重。我们要避免这种情况，必须认清这一点——在分值相等的情况下，我们要尽可能拿到更多简单题和中档题的分数。

（3）沉稳扎实地完成题目。

真正的高手不会在考试快结束时坐立不安，他们会平稳冷静地度过考场的每一分钟。专注于过程而非结果，专注于演算过程而非在意最后要得到多少分、要扣多少分这些细枝末节。他们真正把考试当成了检验自己能力的一种方式，从而能稳定发挥出自己的实力。

（4）重视检查。

我把检查分为两种，一种是即时检查（顾名思义，就是写完某道题后立即检查），一种是写完后的检查。

大部分人只进行第二种检查，忽略了第一种检查。第一种检查的好处在于，立即检查确定，从而给自己打了定心剂，而且检查时做那道题的思维还很清晰，草稿也在，更加节时省力，避免最后检查时紧张慌乱。

但有一点要注意，就是不要太过于专注审题和即时检查，有时候太专注了，一方面可能会导致焦虑，焦虑自己到底有没有审清题，焦虑自己解题过程到底有没有错误，从而更易导致失误；另一方面也会导致在这方面花费时间过多，得不偿失。

我们要提醒自己按照正常的解题步骤稳稳地来，适当关注一下细节，并且积极暗示自己一定能答好，避免过度检查。

2. 考试期间的生活习惯

考试期间的生活习惯和平时的生活习惯基本吻合，其一是饮食最好和平时基本一致，不然容易消化不良；其二是可以适当做些有氧运动，运动可以舒缓情绪，降低考试带来的压力。

四、考后

考后一般会有充裕的时间，这时我们应投入到考后复盘中，既能缓解我们紧张压抑的情绪，又有助于我们进一步巩固知识点，进行下一轮的学习。

考后复盘要注意以下几点：

一是把考试中答案不确定的题和错了的题再做一遍，直到把正确答案做出来（实在不会做就看看答案）；二是觉得有必要的话，就间隔一段时间（比如隔半天或一天）把复盘的题写在改错本上（对错题的错因分析也可以在这步完成），这样可以利用艾宾浩斯遗忘曲线规律，进行二次复盘，加深印象；三是根据错题对应知识点查漏补缺，在考试中错了一道题，就要弄懂一类题，而弄懂一类题最好的方法就是根据对应知识点找同类题查漏补缺。

以上便是我的高三备考策略。虽说是“高三”，但我觉得其中不少方法同样适用于高一高二。

衷心希望大家在看完这篇文章后都能有所思、有所悟、有所行，也祝大家找到正确的学习方向，为目标而努力。

最后，我想用曾经看到过的一句话结尾，希望大家在高三结束后，甚至过完这一生后都能坦然地说："岁月不饶人，我亦未曾饶过岁月。"

高中三年，四个学习成长攻略

学员姓名：赵同学

录取大学：北京大学

成长寄语：不积跬步，无以至千里；不积小流，无以成江海。

一、学习品质培养

1. 良好的思维品质

全面地思考问题：学习中只需要用单一方法思考的题目往往是简单题；几乎所有的难题都会强调多个模块的知识点融会贯通，或是切入点不容易想到，这就要求我们熟练掌握所学知识并能够对其灵活运用。

辩证思考问题：高中生开语文作文玩笑，说万物皆可辩证，侧面反映出辩证思考的重要性。从功利角度来说，作文使用辩证，一方面操作简单，另一方面老师认可，对提升作文分数有很大帮助。这是最直接的好处。从更长远的角度看，辩证思考可以避免一个人陷入非黑即白的偏激思维模式，更有利于个人未来的发展。

2. 强大的执行力

很多时候我们知道要去干什么，也知道如何去做，但是由于各种原因一拖再拖，优柔寡断，最终白白浪费时间，一直没有进步。

只要能把老师说过的话执行到 75% 以上，学习一定没问题。

清华大学的李稻葵教授说过，尽早认准自己未来的目标，消灭选择，坚持努力，人生之路会好走很多。这不仅适用于大学生，也适用于中学生。想要进步，努力去做即可，因为很多事真的没必要犹豫。

3. 保持平衡

各个学科之间保持平衡：考试是总分的游戏，先朝着边际效应大的方向努力，好处是短期内提升明显，即先提高弱科，平衡强弱，达到中等偏上水平没问题。

学科内部各个模块保持平衡：一张试卷的考查点会尽可能覆盖教材的所有知识点，不同模块难度可能有差异，但一般而言都会涉及，综合题更强调知识模块融会贯通。

学习与生活保持平衡：睡眠＞学习，加班熬夜是万不得已的办法。另外，要保证体育运动，因为健康的体魄是一切的基础。

4. 有计划性

道理很简单，凡事预则立不预则废，学习也是如此。高中学习科目很多，内容越来越杂、越来越深，没有计划性的人很容易迷失在茫茫题海中，面对庞杂的学习内容不知如何下手。

其实，制订计划不必详细到每小时、每分、每秒，只需要大致确定每天要完成的任务，并在空闲时间安排一下。明确先干什么，后干什么，主要目的是让自己的学习不至于手忙脚乱，甚至忙中出错。

二、学习方法获取

1. 紧跟老师

目前我们小、初、高课程内容基本是固定不变的。老师，特别是一些教龄长的老师，作为课程内容的研究者和学习的指导者，多年来积累了丰富的经验。紧紧跟着老师走，保证完成老师布置的任务，牢牢掌握老师教的重点知识，成绩一定不会差。有些同学觉得老师讲课时总是将同一内容重复一遍又一遍，翻来覆去，有些厌烦，其实老师翻来覆去讲的内容才是真正的重点与考点。

2. 动手

上课只听老师讲而不记笔记，对绝大多数学生来说是不行的！清华大学物理学院零字班新生中，一学期后成绩下滑的学生有一个共同特点，就是上课只听不记，笔记缺失。对理工科学生而言，动手尤其重要。学数理，手边必须一直有草稿纸。光看或光想而不练导致的最大问题就是眼高手低，运算能力下滑，最后算不对数，出现失误。对于我们来说，有时觉得会了不一定是真的会了，看到课本上一句话觉得很熟悉，合上课本就背不出来，其实就是因为动手记录得少。

3. 注重基础复习

高考的目的是选拔人才。作为公开的、社会关注度高的大型考试，一般而言，耍花架子、奇异古怪、超范围、难度大的题目几乎不会有，即使有，一般一年也就一道左右，最多不超过十分，完全可以直接放弃。高考绝大部分题目强调基础知识与方法的掌握，包括所有简单题、中等题。其实大部分难题考查的也是基础知识与方法的组合与熟练运用。对于学习成绩较好，尤其是部分学习奥赛知识的同学来说，备战高考时不要醉心于一些超纲知识或思维角度很不常见的题目和方法，应抓好基础，减少失误。对于成绩有待提高的同学，更应先从基础抓起，上课跟紧老师，下课充分利用早晚自习时间复习，夯实基础。

三、学习内容扩展

1. 五大学科竞赛

参加五大学科竞赛，尤其是数理化三科，一方面，如果能在省赛中考出不错成绩，获得奖项，甚至进入省队，参加国家级比赛，便多了一条进入名校的途径。另一方面，参加奥赛即便没有达到那样强的水准，对学习的促进作用也是很显著的。奥赛的思维方式与高考有所差异，但要求的基本素质有相同之处，对高考也有一定的促进作用。奥赛学习难度较大，由于我们有高考的任务，时间与精力上都不能投入太多。这就更要求我们抓住主要内容，同时在有限的学习时间内做到专心致志、刻苦钻研，真正学到知识，达到奥赛目标。

2. 英语词汇拓展

英语词汇拓展建议不要太深，高中 3 500 词保证弄懂，不只会拼写，词性变化、固定搭配、语法、时态都要认真掌握，最好记住部分例句。拓展词汇方面，四级的 4 000 词足矣。其中包括大部分高中词汇和 500 个左右的四级补充词汇，应对一般的文章足够了。

四、应试与生活的一些小建议

考试要牢记第一法则：得分是硬道理。打得赢就打，打不赢就跑。不要纠缠在一个题上，占用其他题的时间。碰到难题不要慌，沉着冷静应对，实在做不出来也没有遗憾，关键要防止低级失误，保证简单题和中等题稳稳拿分。

为了节约时间，数理化的多选题、压轴题可以考虑只做一道确认必对的题，这样尽可能地把能得的分得到，最后有时间再回来处理其他题。

考试一定别贪心，该舍弃的一定要舍弃。多选题没有验证的选项不能选，贪心多选一个，万一错了，本来的 4 ~ 5 分变成了 0 分，而少选一个还能得 2 分。

当然，考试也一定要有“分分必争”的决心。毕竟一张试卷就那么 20 多道题，这里丢一点，那里丢一点，最后不知不觉就失掉很多分数。有时间时，再难的题也要努力去攻，能得一分是一分。

学习与生活要平衡。学习期间要保证充足的睡眠和精力，不要因为熬夜影响第二天的学习效率。高中晚自习会下课很晚，回家尽量就不要学得太晚，时间因人而异，总之不要影响白天的学习效率。

高中阶段要坚持体育运动，时间不用长，但要持之以恒，不要以减肥为目的，要以锻炼身体、通过考试为目的；不要太剧烈，注意安全，避免受伤。适当做体育运动一方面可以放松大脑，另一方面可以强身健体，还可以为大学里的体育测试做准备。

多与人交流，不要当“孤胆英雄”，自己在学习和生活上遇到了困难，要及时向家长、老师反映，寻求帮助。家长、老师解决问题的办法多，能够给出更好的解决方案。

写在最后

人生道路千万条，读书不是唯一的出路，但确实是最简单的一条。出生普通人家的孩子，通过高考走向更广阔的世界，体验缤纷多彩的人生，是最直接、最简单的途径。

上面分享的内容，希望可以对正在努力的学弟学妹们有所帮助，由于时间仓促、水平有限，可能分享内容有些不足，希望大家谅解。

逆风翻盘，成就绚烂人生

学员姓名：郭同学

录取大学：清华大学

学长寄语：不用害怕重重挑战，不用恐惧种种压力，只有任重，方能道远。

如果你的高中时间只有别人的一半，你该如何学习？如何安排生活？如何在短短的一年半时间成功逆风翻盘，成就绚烂人生？

作为一名信息竞赛生，这些便是我必须要面对的问题。

信息竞赛，作为五大学科竞赛中唯一与高考不沾边的竞赛，占据了我一年半的高中时间。从高一下学期开始，到高三开学时结束，我错过了人们常说的最具决定性的一年——高二时光，我以几乎空白的头脑迎接最后的冲刺——高三。刚开始恢复文化课学习时，我是茫然的，对文化课学习的节奏和方法一无所知，只能麻木地听课、麻木地完成作业、麻木地参加考试……由于竞赛成绩优秀，我也从别人的恭维中得到了一点点自信，但我深知这是不现实的。第一次月考也证实了这一点，全校六百人，我考了第五百五十名。这样的痛击让我完全恢复了理智，我想我必须找到新的学习方法来应对这种特殊的局面。

在忙乱的第一轮复习中，我找到了第一个方法：总结。这种总结不同于传统意义上的总结，它并非是做知识的摘录与罗列，它是发散的、无限制的，同样也是无干扰的。

发散，是指它无目的性。从任何一个小小的知识点，去联想，去查找，去链接，以思维导图式的方法整理知识，发现漏洞，从而在脑海中建立一套知识体系，以便更好地记忆并理解。

无限制，是指它没有边界。如果非要定一个边界，那么就是高中知识，其他再无限制。

无干扰，是指要摆脱学校任务的影响。总结时应全身心投入，不要被未完成的作业、即将到来的考试、自己目前的成绩等所干扰。

我常会利用大段时间（可能会以牺牲作业质量或刷题数量为代价，但一定要保证这段时间充足且自由），借同学的笔记，摆好各科的课本以及资料，从一个不理解或感兴趣的知识点入手开始联想总结。联想的角度有很多：从课本中知识点所在的位置联想，找到该知识点与前后文其他知识点的关联，并揣摩编写者的意图；从知识的背景入手，比如这条定理的提出者是谁、前身是什么、后续引申出哪些规律，来串联相关知识；还可以从一些使用广泛或含义宽泛的知识点入手，如在物理方面，一个简单的单位问题便可以联系到高中所有的公式、方程（如何将特斯拉、静电力常数的单位用国际制单位表示？而这种表示可以根据哪些公式推出？）；再如在生物方面，什么是稳态？哪些系统是稳态？而它们分别又依靠什么维持稳态？

用这种方法梳理后的知识是网状的，而非零散的。这样你就会发现，再面对题目时，思维呈网状发散。同时，用这种静心梳理的方式学习，可以消除无效复习带来的慌乱与烦躁，让人真正投入到有效的学习中。

当理综测试开始后，我找到了第二个特殊方法：专攻。

高三理综题目考核的知识范围突然变大，涵盖了高中三年的知识，大量的新知识在短时间内进入我的学习领域，让我感到焦虑与无助。于是，我便采取了一种特殊的学习模式——专攻。我将某月定义为理综月，又分别在每星期的开始给本星期一个明确的定义（物理周、化学周、生物周），再细致规划某天（某知识点，某本课本）。在不断细分后，我的每一天都有一个具体而明确的定义，再利用至多 20% 的时间完成必要的学习任务，把剩余的 80% 时间都投入到自己安排的特定知识学习中。

这种专攻的方式大概会导致其他科目成绩下滑，但是在我看来，所有科目止步不前与一门成绩突出、其他门成绩下滑来比，后者更能激发人的自信，使其能够走出前路茫茫的无助，感受到进步的成就感。“不入虎穴，焉得虎子”，顶住压力，放手一搏，才能咸鱼翻身。

就我而言，顶住压力确实困难，放手一搏亦须勇气。那么，如何在多门成绩下滑，学校、家庭的种种压力下坚持自己的做法呢？

由此，我找到了第三个特殊方法——“乐观”。这种乐观并非仅仅依靠过人的勇气或淡然的心态，还源于对人生及自身情况的深刻思考和清晰认识。这种乐观要求我们清晰地认识自己，设想出未来最坏的结果并找到承受方式和解决方式。

在看清未来最坏的结果后，心中便没有了对未知的恐惧；在看清自己的现状后，心中便会产生坚定的信念，坚定地用自己的方法，走自己的路，不会被外界所影响；在他人否定你的观点时，你可以坦然而乐观地回答："您说得没错，我的方法可能是错误的，但我已经做好最坏的打算，也会承担最坏的后果。所以，我还会继续尝试。谢谢您的建议！"

在冲刺阶段，我找到了最后一个方法——重视老师点拨。其实在很多情况下，很多东西并非学不会，而是学不到，机遇有时比努力更重要。在你陷入瓶颈时，优秀老师的点拨便可助你一臂之力。在学习上，坚持自我并不代表"闭关锁国"，而亦要兼听则明。我选择坚持自己的学习节奏，又听取老师知识层面的建议。

有人可能会质疑，我的这些方法真的适用于所有人吗？在这里，我想引用尼采的一句话来回答："现在我要你们丢开我去发现自己，只有当你们全部否定我的时候，我才会回到你们身边。"

在我看来，传统的"题海战术"只适用于那些"一贯的好学生"，即那些已经养成良好的学习习惯，清楚整个知识体系，且能很好地应对多学科同步发展的同学。对于曾经落下许多功课且没有良好习惯，又想逆风翻盘的同学，"题海战术"只能带来忙乱和无助，给人更多挫败感。

所以，我否定了"题海战术"，找到了四样法宝：总结、专攻、乐观、重视老师点拨。通过总结理清头绪，通过专攻重拾信心，再以乐观的心态面对各种波澜，最后借助老师的点拨更进一步……

这些方法是否适合你们呢？我不得而知，但我想它们或许会给你们一些启发，让你们找到适合自己的方法。

最后把我的建议送给学弟学妹们：尝试走少有人走过的路，尝试用少有人用过的方法，尝试做少有人做过的事。这样，逆风翻盘便不是梦想，绚烂人生便是可期的未来。

忆三年青春，传学习之法

学员姓名：熊同学

录取大学：清华大学

学姐寄语：亲爱的学弟学妹们，想要实现自己的人生梦想，勤奋努力至关重要。长风破浪会有时，直挂云帆济沧海，愿你们都能到达理想的彼岸，登上人生的顶峰！

回望高中三年，算是“有惊无险”，成绩有起有伏，状态时好时坏，经过不断调整，因而不断进步，终于给自己的高中生活画上了一个还算圆满的句号。

刚进入高中时，我适应得很慢，仍然带着初中的思维模式去学习，殊不知高中学习与初中有很大区别，内容更多、任务更重。我尽管勤奋，却也有些吃不消，第一次考试便丢了许多不该丢的分，考了年级第四十七名。在接下来的一年中，我慢慢地认清了自己在学习上存在的问题，认识到了及时巩固的重要性，认识到了时间安排的重要性，一点一点调整自己的思维和规划。同时，我开始学习数学竞赛内容，需要付出更多的时间，我尽量平衡课内和竞赛的关系，也尽可能发挥自己在数学上的优势。就这样，我的成绩在高一下学期一点点稳定在了年级前二十名，曾考过年级第二的好成绩。

进入高二，在参加完全国高中数学联赛之后，我的学习重心由竞赛转移到了课内，找到了自己在学习上的最佳状态，效率也得到了很大提升，连着两次取得了年级第一的好成绩。疫情来袭，我的成绩虽然稍有下滑，但也较为稳定，各科成绩均衡。

高三初期，我的成绩稳定在年级前五，可是理综三科的合并却让我很不适应。第一次考理综，我就被几道选择题难住了，做了标记准备回过头来再看却没了时间，由于时间紧张，大题的许多条件没有看清楚便盲目作答，丢了许多不该丢的分，最后理综只考了 230 多分。之后我认真分析了考试失利的原因——物理许多模型不够熟练，思维在三科之间的转换慢……于是我开始系统练习理综，刷套卷，把选择题时间控制在 40 分钟以内，提高大题分析和作答的时间；刷专题，将答题框架系统化，接触更多题型。但是，有更多的问题渐渐凸现：心态波动较大、答题时注意力难以集中、计算出现大量失误……我逐个解决这些问题，并且根据自己的实际情况想了许多对策，最终理综也取得了比较满意的成绩。

高中的学习虽然不需要拼天赋，却讲究一定的方式方法。我曾经以为，有一套普适性的学习方法，在所有人身上都奏效，但通过观察和思考，我逐渐发现永远没有一套适用于所有人的学习方法。真正适合自己的方法都是在经过长期摸索后总结出来的。如果你想找到更好的学习方法，不妨都去试一试，看一看哪一个更适合自己。记住："实践才是认知的最好来源。"因此，对于别人的学习方法，我们应该做的，不是全盘模仿，而是结合自己的实际情况找到能借鉴和有所启发的地方。

对我而言，比较有效的方法就是利用错题本、高效利用时间、保持心态和信念之间的平衡，这也是我取得好成绩的三个重要因素。

利用错题本。许多同学都纠结于一个问题——我到底是应该多刷题、多见识一些新题还是应该多总结？我的答案是，这二者同样重要。我通常在晚自习等整段的时间做新题，在课间等较为零碎的时间总结错题。做新题可以让我见识各个考点的不同考法，加深对理论知识的理解。而总结错题则让我从题目中提炼出更为精华的东西，把题目内化为自己的知识体系。我自己按照考点把错题本分成不同的板块，类型有经典的题、综合性的题、创新性的题，此外还有一些特殊的板块，如总结性的专题、容易混淆的考点、由于粗心而弄错的知识点等。是否选择做错题本这件事因人而异，如果你能在每一次犯错之后都牢牢地记住这道题，也就没有做错题本的必要了。利用错题本最好的途径是经常翻看，我会在每次考试前一天认真看我掌握较差的板块，久而久之，这个板块就很少再犯错误了。

高效利用时间。在学习上，我们不能仅仅满足于追求局部最优，而是要追求全局最优，提高效率、合理安排时间就是追求全局最优。在我们平时的学习中，不同的学习内容有不同的特点。例如，背英语单词以及整理错题这样的事情不需要极度安静的环境和大段的时间，我们就尽量不要用晚自习这样宝贵的时间做这样的事情。而做数学和理综的题目时则需要高度集中的注意力和安静的环境，我们就尽量安排在晚自习这样整段的时间来完成。以我自己为例，我英语较好而理综较差，所以在高三后期晚自习的时间基本都用在了物理和化学上，学累的时候做一些英语阅读和改错来放松。同学们应根据自己的实际情况对时间进行安排，同时不断完善自己的规划。

平衡心态和信念。高三初期我的成绩较稳定，但是在理综三科合并之后，我曾经一度陷入越考不好越想考好、越想考好越考不好的恶性循环。后来我想明白了，努力了但暂时没有收获、有实力但发挥不出来、考场上紧张等现象都是非常正常的。不少同学在高三时对理想高校都有强烈的渴望，我也是，极度想要考好的想法让我在考试的过程中不能沉浸到题目中，会做的题目也做不对。因此，我们既要有实现理想的坚定信念，又要有面对挫折的坦然，在考试时既要认真对待考试、想方设法让自己发挥出最佳水平，又要放平心态，把考试看成一次普通的练习。我们需要牢牢记住，在考场上唯一能做的是做题、拿分，至于其他事情，我们尽量少去考虑，避免影响我们在考场上的发挥。

作为学姐，我衷心希望学弟学妹们都能找到适合自己的学习方法，考出理想的成绩，考入理想的高校！

做聪明的学习者

学员信息：王同学

录取大学：北京大学

学长寄语：高考不是一场成王败寇的战争，而是我们所选择道路上的一个陡坡，既然来了，不妨就全力以赴。

岁月不居，时节如流；三载之期，忽然而已。高中的时光无疑是短暂的，在这短短的三年里，如何更加高效地利用时间呢？今日有幸，与大家分享一点个人的浅见，以供各位参考。

合理安排时间，保证充足精力

在高中的学习生活中，尤其是在高三关键的一年中，很多同学容易陷入一个误区：只要我把所有的时间都用来学习，我的成绩就一定会得到提升。可实际上呢？自己感到疲惫不堪不说，成绩也是不进反退，越退步就越猛学，越猛学就越疲惫，越疲惫就越退步，形成恶性循环。这时，不妨静下心来，将目光放长远一些，不被一时的焦虑所困扰，合理安排休息时间和学习时间，尽量提高自己的学习效率。

我也曾经误入如此“歧途”：高二下半学期，我的位次一度退步至年级二百名。一向自诩对成绩不大在乎的我也慌了，一到下课时间就抱着生物书在座位上“猛啃”。期末时，不仅成绩并无起色，现实更是把我的脸打得啪啪作响——我的生物知识网络依旧是一塌糊涂。很快，我意识到了问题所在，开始转变学习方法：上课时间该学习就学习，下课时间该玩就玩，回到家该休息就休息。即使在高三（其实是“高四”，因为复读了）最紧张的一年里，我也基本上保持着每天踢球的习惯。经过我的合理规划，我很快便尝到了甜头——不仅成绩逐渐稳定在年级前十，每天适量的运动更使我身心放松，在很大程度上减少了临考的压力。

在这里，我并非是在鼓吹懒散、一切随缘的学习方式，而是试图阐明合理休息的重要性。适时、适量、高效的休息能让紧绷的大脑放松下来，从而更加从容地面对学习。

知道自己“在哪儿”“要到哪儿去”

所谓“在哪儿”，就是指对自己的水平、上限、优势、短板等要有清晰的认识；所谓“要到哪儿去”，就是指要拥有既不盲从、又不盲目追求独特的学习意识，要知道自己接下来应该用什么样的方法、按照什么样的节奏来补齐自己的短板。

以我自身为例。一直以来，我的最大短板都是生物，但苦于没有整块时间供我系统复习，因此生物复习一拖再拖，迟迟未能解决。在疫情期间，得到老师的同意后，我采取了另辟蹊径的方法。我不再盲目跟着大家一起上网课，而是上午集中精力看生物书，下午再选出需要听的课程开倍速听回放。这样做的结果就是，回学校的第一次考试，我从放假前的年级一百二十名变成了三十名，并且在此后的历次考试中稳居年级前三十。

在班级，老师需要照顾到大多数人的进度，因此他们的授课节奏并不一定适合你。这个时候，就需要你知道自己“在哪儿”和“要到哪儿去”，制订适合自己的学习计划。

对任何建议保持谨慎态度

向你提出建议的人，大多数是基于自身或他人的经历，提出具有一定普适性或被认为适合你的建议，但它们不一定对你有所帮助。真正适合自己的方法，只能是经过自己不断尝试和筛选的结果。面对高考，请保持你心灵的善良与纯洁；请保持你情感的热情与丰富；请保持你精神的进取与激昂，加油吧，学弟学妹们!

那些年，整理错题的晋阶之路

学员姓名：梁同学

录取大学：北京大学

学长寄语：相信你一定听过："对未来最大的慷慨，就是把一切都献给现在。"只顾攀，莫问高，你终会得到丰收的硕果！

回首来路，真可谓是历经九九八十一难，方得修成正果。与初中学习相比，高中学习不只要求努力，还要有一定的方法。在这里，我主要分享有关错题本整理与使用的方法。

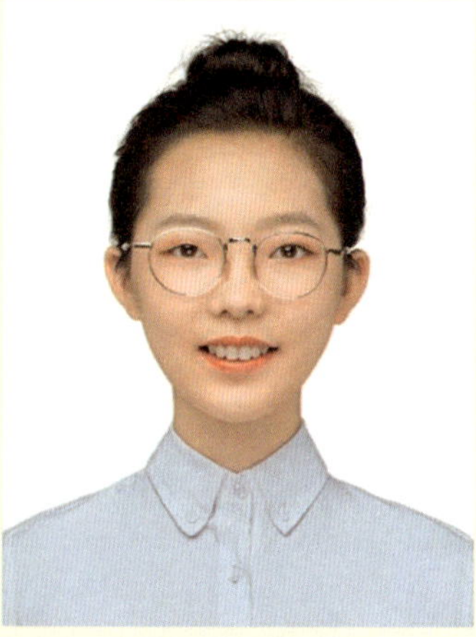

大家自初中起肯定就被老师要求准备错题本，可不知你们有没有烦恼过——错题本应该怎么使用？

首先，我们需要明白什么是错题本。顾名思义，错题本是记录错题的本子。可什么题又算是错题呢？以数学为例，日常所做的错题可以分为几个档次。

（1）低级错误，本来能做出来可不知怎么就做错了的题。比如，2×3=5（没错，我干过这事），计算四棱锥的高时误算成斜高。

（2）知识点性错误。做不出题是因为没弄懂某个知识点。

（3）因熟练度不够而做错题。

（4）老师讲时听懂了，可自己做题时还是没有思路，或者连老师讲的都没听懂的题。

我对不同档次的错题有不同的处理方式。

针对第一档题，我会区分究竟是自己一时大意做错的，还是自己潜在的思维惯性导致的。比如，我在二次函数分类讨论时总是忘记先讨论二次函数的系数，千万不要简单地将这种低级错误归因于粗心大意！我的数学老师曾说过：粗心其实就是你做题的熟练度不够。因此，我们需要警惕自己的思维惯性并提高正确思维的熟练程度。我专门为自己准备了一个“拷问集”板块，将思维惯性有问题的题收录进去，在考前翻一遍减少犯低级错误。

针对第二档题，我整理出一个常用知识点板块。将知识点（课本上没有但练习中常遇到的）归类，并记录一些老师讲的好用的技巧和方法。这么做是因为无论是高二学习还是高三一轮复习都是按知识点进行的，错题本上整理的知识点会再次出现，再次相遇时，它说：“您还记得函数找点问题吗？”你又该如何回答？

针对第三档题，我先把知识点划分成几大类，如三角函数、圆锥曲线、立体几何……再在上面有较大间隔地粘错题，之后刷题遇到同类型的错题，我会将其粘在之前那道错题的附近，并用红笔写出解题思路。

针对第四档题，高二时我会死磕到底，但在高三时我会选择放弃。因为高三时间紧张，对于这种到了高三仍然搞不定、理解不了的题，可能到了高考时仍然不会做，与其死磕这种提分可能性不大的压轴题，还不如多熟练掌握中档题来提高分数。

错题本整理得再好，不复习、不使用也没有任何价值。我简单谈一谈我是如何利用错题本的。高三阶段考试多，课堂时间大部分都用来讲题，我会根据考试频率给自己制订复习计划，每一段的考试都有不同的复习内容，可以称之为“滚动式复习”。课上老师讲题时，我会关注这道题是否和之前的错题有关联性，如果有则翻到并再复习一遍。

另外，我还想说一下错题本的整理时间。因为高三课业繁重、时间紧张，我们并不能抽出大把时间来整理，也无须整理得精致好看。我一般选择当天卷子当天整理，整理完的废卷直接扔进垃圾桶，如果时间不允许则固定在周六晚上整理。定期整理才能更好地前行哦！

以上是我整理、利用错题本的一些心得分享给大家， 希望对学弟学妹们能有所帮助。

篇三

学科经验篇

「 经验是用无限代价买来的一颗宝石。

——莎士比亚 」

以梦为马，不负韶华

学员姓名：王同学

录取大学：清华大学

成长寄语：只有一条路不能选择，那就是放弃的路；只有一条路不能拒尽，那就是成长的路。

各位学弟学妹，大家好，先简短地做个介绍，我是昊天，来自吉林省四平市，2021 年高考 687 分，吉林省排名第二十七，有幸被清华大学协和医学部录取。和往届优秀的学长学姐们一样，高二时我也曾有幸借中国科学技术大学少创班的选拔机会参加过一次高考。那一年我考了 683 分，吉林省排名第一百九十二。接下来我就结合两次高考的体验和高三这一年的学习与大家分享一下我的学习方法。

先来分享两个文科科目——英语和语文。为什么一起说呢？因为我自认为自己的这两个科目学习得太差了。所以高三这一年我把学习的重心就放在了这两科上。唉，学习的路上，欠下的债总是要还清的。不过，在此过程中我也积累了成功的经验，要学好语文、英语，常规手段就是题海战术。我曾一天刷过三套语文题，五套英语题。这样的日子持续近一个月，却收效甚微。于是我想，我付出的那么多时间、精力都去哪儿了？这么做值得吗？我挤压理科时间用来学习文科，回报抵得上损失吗？我意识到光靠刷题提升远远不够，若要提升实力，思索和感悟必不可少。题海是思索的基础，思索却是题海的升华，二者紧密相连，缺一不可。事实证明，我的学习方法起了作用，我的语文、英语相继考了单科校榜第一。

下面我来着重谈谈语文、英语作文的小感悟。语文作文重在结构、标题、段首领起。这三样确定了，分数基本也就可以估算了。至于内容，不用刻意雕琢，多积累素材即可；每段思维层次一定要严谨，引用论据证明论点要有延伸；任务驱动型作文要有身份意识和代入感，以高效完成任务为目标，题目中的关键词尽量都要出现在作文里。英语作文需要注意的一点是尽量避免语法误用。

接下来是数学和理综。说到这两科，就想起我同桌的话，他说，高考完看到我心情瞬间好了起来，为什么呢？因为我学了一年，理综可能不增反降，而他能多得20分。2021年的高考题，难度想必大家也是知道的，对于我所就读的学校来说，这种题不太常见，幸运的是，我完全把握住了。下面我来给你们介绍一下我的“学习套路”。

第一条：“清北有路题为径，分海无涯卷作舟”。不要相信那些所谓的“刷题无用论”，但刷什么题确实是个问题。我除了刷高途课堂提供的典型试题，也会看一些公众号，有的绝对属于独家秘籍，如教育考试指南、吉林考试在线等，这些公众号几乎可以囊括全国各地优秀的网上资源。除了黑吉辽，其他高考大省的题也非常值得借鉴。新高考网上的题也要做一些，可以拓宽视野，打开思路，至少像我们遇到一二卷合并的突然打击，不至于慌了阵脚。

第二条：分类记错题，精析提成绩。我强烈推荐错题本这种撒手锏，但记错题也有技巧。分类记错题就是把相关题归类，比如数学，就把导数、数列等分开积累，专项记录，在此过程中归纳方法，建构解题模型。错题是粘贴还是抄写并不重要，重要的是评注。具体评注内容主要为错题原因、借鉴点和解题思路。错题有时过于冗长，若都粘贴，就多而烦琐，不利于后续的学习与复习。这时，就可以只留关键的小问小点，自己能看明白即可，不必苛求题目的完整性，有时我的积累可能连题带答案，一共也就一两行。错题本要常翻常看，每次考试之前都要翻一翻，把每次模拟考都当高考来准备，进行全面复习，心态平和，胸有成竹。错题本也要不断删减，确定会的就删去，那么余下的就是“精华”了。错题本不光积累错题，好题也要积累。错题积累一定要做得细致一些，至于剩下的，就交给手感和命运来安排了。

那么，难道我们对成绩只能认命吗？不！越努力越幸运，我们可以用良好的心态来获得命运的垂青。

比如我，2020 年高考考了 683 分，其实当时，我的水平远没达到这个高度。由于所有知识都是上高中后现学的，当时我拥有的知识体系并不完善。考了高分还帮我赚了一个清华强基良好的等级，就是源于拥有一个良好的心态。再举一个例子，我小学、初中一直有点顽皮，上课时间看课外书，当然下课也看。假期都用来旅游了，课外题基本没做，但因为拥有良好的心态，中考时也是超水平发挥。虽然初三后期也是名列前茅，但查成绩时，出乎意料，除了语文、体育，其他各科全都满分。正是这份心态，让我有缘与李大一老师相识，并开启了我幸福的高中之旅。

除了保持良好的心态，还要有不怕挫折的能力。比如，我班有四个优秀毕业生名额。虽然刘老师评价我谦逊、懂礼、有感恩之心，成绩稳稳地一直排在前几名，甚至后三次模拟都排在前两名，可最终，四个获得清华强基政策的同学，只有我光荣地成了普通毕业生。还记得就在 6 月 6 日看考场的路上，父母还担心我受打击，一路给我做心理疏导呢！可我是谁？我是昊天，我是阳光少年，我是别人家的孩子！我会在意这一切吗？一点打击影响得了我的心情吗？不畏挫折，方可拥有星辰大海。

保持良好的心态，还要坚定地相信自己。其实我 2020 年参加完高考后，就已经意识到，2021 年的高考一定会难，我也确实把学习的重心放在了难题上，做了一些江苏、山东等高考改革大省的题，但即便如此，高考时理综题的难度也大大超出了我的预期。这时要想不崩盘，良好的心理建设就至关重要。比如 20 分的物理大题，或将成为许多同学一生的梦魇。我班同学全军覆没，基本打碎高考700分的梦想。但梦想绝不应止步于此，后面还有化学生物选择题的127分，足以逆天改命！心态若好，这127分足以实现你的梦想！要相信，三年的努力，足以让你厚积薄发，傲视群雄！爱迪生说过，成功等于99%的汗水加上1%的天赋。但如果没有那1%的天赋，再多的汗水也浇灌不出成功之花。套用到高考学习中，那就是，成绩等于99%的实力加上1%的心态，如果没有那1%的心态，再强的实力也会让人扼腕叹息！所以心态这个问题，看似无用，实则有大用。心态不好，水平再高，也发挥不出来。我很喜欢的一句话就是“但问耕耘，莫问收获”。在逐梦的道路上，跌倒了就站起来，继续走下去，胜利就在前方！

今天，在这里，想到学弟学妹们鹏程万里的梦想，想到我们高三流下的每一滴汗水，一时间，百感交集。千言万语化作一句祝福：愿大家以梦为马，不负韶华！

圆梦清华——我的学习经验分享

学员姓名：张同学

录取大学：清华大学

学长寄语：事在人为，有胆量做梦，梦想才会实现；天道酬勤，有毅力坚持，希望之花才会绽放。希望学弟学妹们努力拼搏，赢得无悔青春！

时光荏苒，岁月如梭，回首高中三年的学习生活，我思绪良多。通过自己的努力，我很荣幸成为清华大学的一分子，在此我愿与学弟学妹们逐科分享我的学习经验。

语文

近年来，语文已经成为一门同数学、理综一样能拉开总分差距的学科。作为一个标准的理科男，我一直被语文困扰，但在不断摸索中我也找到了一些学习语文的规律。纵观高中三年学习语文的历程，我认为高一高二学习的语文要点和高三学习的语文要点是截然不同的。在高一高二，学习语文最重要的是培养语文素养，比如丰富历史文化知识，积累名人名言，增加阅读量，背诵古典诗词，提升遣词造句能力，练习汉字书写，创作不同类型的文章，积累文言实词，等等。以上这些其实大多可以借助课堂进行学习。但很多同学认为语文课堂很无聊，于是不认真听讲而去做其他学科的作业，长期“坚持”下去反而错失了学好语文的良机，所以把握好语文课堂是学好语文的关键。而在高三，语文的学习要点发生了很大的转变，由原先的知识积累变成了知识应用。我们需要把自己之前对语文的积累和沉淀转化为分数，这时适当地刷题就是很好的方法。我从高三学年的 10 月份开始每周练习一到两套语文题（除作文）（从高考题开始一直到优质的模拟题），这些题我会利用每天的碎片时间去完成。针对自己不擅长的题目，我有时也会加强训练。我认为这样做能帮助我保持良好的熟练度，丰富答题技巧并且运用了一轮复习和二轮复习中老师讲过的方法。在临近高考时，我买了一本高考真题的分类汇编，对各种题型分类，总结答题方法和答题技巧，熟悉高考出题人的考查意图，帮助自己应对高考。

高三枯燥的学习生活中，语文课堂其实是一剂调味品。当我徜徉在语文的世界中，每天学习的压力便会得到释放。对待语文学科的办法用一句话概述，就是“爱上语文，才能学好语文”。

数学

数学常常被很多同学称为“霸王学科”，令无数学生闻之色变。但其实借助我的数学老师的理论，学好数学只需要解决“知不知道、会不会用、熟练不熟练、心态好不好”这四个问题。“知不知道”取决于自己的预习效果和听课质量；“会不会用”取决于自己运用知识解决问题的能力和对细节的掌握；“熟练不熟练”决定考试时分数的高低（根据我的数学老师的理论：只有熟练的知识才能转化为分数）；“心态好不好”决定自己能不能把该拿的分数全部拿到。对每一个知识点都解决好这四个问题，数学成绩自然会很好。

下面具体谈谈我学习数学的方法：

（1）课堂。学数学重在理解，对于课堂上老师讲解的关键知识点要及时做笔记，但不需要一味抄写书本上的定理或概念，最重要的是理解概念的每一个字，明确它的用途、适用范围、限制等。

（2）课后练习。学好数学必须有一定的刷题量，否则既无法保证知识的掌握程度也不能提高运用知识的熟练程度。高一高二时，除学校布置的题目外，我会额外买一本有一定难度的练习册，每天都会根据当天所学内容选择性练习练习册上的题目，并且会及时对好题进行总结归纳（建议不要拖延到第二天，否则很可能会忘记）。

（3）勤与老师、同学交流。上高三时，我们班的数学课很多由同学“承包”，同学们在讲台上交流题目的不同做法、自己总结的要点等。此种方式帮助我博采众长，拓展思维，开阔眼界，对一个问题有了不同角度的认识。所以与老师、同学的交流是一种高效的学习方式。

（4）思考和总结是最重要的！一分耕耘，一分收获，你向某种题目中投入时间、精力去思考、体悟，这种题目将会以分数的形式回报你。建议大家都准备一本好题本而非一本错题本，记录在这个本子上的题目包括有“坑”易错的题、解题方法巧妙的题、有多种解法的题和可以归纳出解题模板的题等，一定要注意及时积累和不定期复习，这样才能使好题本的意义最大化。

学习数学不可能一蹴而就，更不可以一曝十寒，只有长期坚持好的习惯和方法，才能从根本上提升自己的数学能力，做到以不变应万变，获得学习数学的信心和动力。

英语

英语这门学科有其特殊性，它是一种语言，也是一个工具，所以学习英语的方法与学习其他学科的方法也有所不同。

对于英语基础较薄弱的同学来讲，学习英语的必由之路就是单词的记忆。这或许也是很多同学过不去的坎。我记忆单词的方法就是结合语境，把一个单词放在一个有实际意义的句子中背诵整句话的含义，再结合发音进行拼写，最后在实际生活场景中去运用这个单词，加深对单词的理解和记忆，从而形成永久记忆。背单词是学好英语的第一步，或许你需要坚持很久才能看到效果，但是不坚持背单词一定不可能学好英语。建议大家利用寒暑假这个整块的时间回顾上一学期所学单词，同时记忆下一学期将要学的单词，这不仅可以巩固已学知识，还可以为下一学期节省很多背单词的时间。当你的单词问题得到有效解决后，很多问题比如句意理解问题、翻译问题便随之迎刃而解了。

接下来要做的就是学习语法，练习长难句翻译，这个可以通过翻译阅读篇目解决（如果刷题，建议大家从高考题开始刷起，在没有建立正确阅读理解观前不要做很偏的模考题）。

对于英语基础较好的同学来讲，进一步发展的方法就是在保证正常英语学习节奏的条件下进入学习英语的最高境界——把英语融入自己的生活。比如与同学用英语交流，中午吃饭时聆听 TED 演讲，早晨阅读《英语街》杂志上的美文，利用闲暇时间阅读一本英文书籍或是长期坚持每天进行英语趣配音，等等。除此之外，还应当对做得不好的题目进行针对性的练习。这些方法都能让你的语感和英语素养远超其他同学。

无论是对于基础好的同学还是对于基础一般的同学，学习英语最重要的是坚持，可能坚持几个月甚至一个学期才能看到分数上的进步。但如果你三天打鱼，两天晒网，时不时给自己放假，你之前的努力就会大打折扣，事倍功半。

物理

物理在高考中是有分量的学科，就拿 2021 年高考物理题来说，大部分学生都无法完整做出 24、25 两道大题，同时在实验题 22、23 上也可能出错，导致丢失大量分数。但对于以物理为优势学科的同学来讲，这便是超出其他同学十几分甚至几十分的好机会，所以把物理打造成优势学科是提高总分的好方法。下面我具体介绍我学习物理的方法。

（1）保证听课效率。很多同学因为物理枯燥和难以理解便放弃了物理课堂，但其实物理是六个学科中最有趣的学科，我们应当发掘学习物理的乐趣。对于那些不易理解的知识，我们应当以积极的态度去接纳，而不是钻牛角尖，在自己错误的思路中越陷越深，最终丧失信心。

（2）适当做题。学习物理我不建议大家使用题海战术，因为对于一个知识点，有许多题目都是重复的，用一种方法或一种套路就可以解决一个类型的题目，所以不需要买很多练习册去练习。

（3）总结和归纳。比如对于动量和能量综合的题目，只需要彻底弄明白十道有一定难度的题（最好是高考题），并把它们总结在好题本上，旁批出每道题的知识点、易错点、创新点、难点，并提炼出这类题目的一般解题思路，对解决这一类题有很大的帮助。

（4）及时纠错和回顾。错题是进步的源泉，做到错题不再错便是很大的进步。错题一定要立刻积累，拖延到第二天很容易忘记，并且会丢失当时的感悟。错题的复习也很重要，我有时会利用课间、上厕所或者吃饭的时间在大脑里像放电影一样回忆当天积累的错题，加深对错题的印象。

（5）理解至上。这一点其实在语文部分就有提及，但因为理解十分重要，所以我有必要再强调一下。很多时候第一次接触新的知识点，我们难以理解，这时我们可以提出不懂的地方，但一定要以老师的解答为准，一定不要钻牛角尖，深陷在自己顽固的思路中不能自拔，否则你将在一个个错题中丧失信心，觉得自己不适合学物理。但如果能以一颗接纳的心去对待自己当下没有理解的知识，或许通过之后的做题和总结你便会有正确的理解。

化学

化学这门学科其实有一定的特殊性，它需要你同时具备理科需要的理性思维、逻辑思维和文科需要的强大记忆力。理性思维帮助分析问题、解决问题，在创新的陌生情景中不迷失自我。逻辑思维是做题的基础。没有知识储备就相当于不拿武器上战场，记忆能从大脑中提取你需要的信息加以运用。所以，把化学打造成优势学科并不容易。下面谈谈我和化学成绩优秀的同学的学习方法吧！

（1）对化学保持兴趣。化学揭示了物质的性质和各种变化，揭示了世界运行的本质，奇妙的化学反应和不同物质的独特性让人印象深刻。我身边便有这样一个同学，他十分喜欢化学这门学科，立志在化学方面有所建树，这份热爱让他面对难题时斗志昂扬，他以积极的态度对待每一节化学课，每一道化学题。他当然也收获颇丰，化学成绩一直居高不下。

（2）重视课堂。化学课堂上老师的每一句话都是知识点，走神短短几分钟就可能错过了一个世界！

（3）记笔记。除非你有超常的记忆力，否则我认为上课还是有必要记笔记的。我个人记笔记的方法是上课时先把我认为的重点写在学案的对应位置，下课后或利用自习时间再进一步加工到笔记本上，如果有需要可以剪切学案或教辅资料，再粘贴到笔记本上。这样既不会因为上课忙于记笔记耽误听讲，又可以通过再次书写加深印象，达到事半功倍的效果。

（4）课后练习不能忽视。很多知识其实是从课后练习中获得的，他们可以作为你的知识储备，帮助你在应对类似的题目时明白命题思路。比如工艺流程题，当你已经学会把握原料—分离—提纯—加工这条线索，并且研究了所有第四周期过渡元素的题目

（对其中创新的考法有所总结）时，所有的工艺流程题都会成为送分题。

（5）善用笔记本复习。我一般会带化学笔记本回家，第二天早晨我会拿出笔记本背前一天的笔记。这样做可以巩固记忆，加深印象。

生物

生物被称为理科中的文科不是没有道理的，生物的一切知识都来自书本，所以掌握好书本知识是学习生物最重要的一环。我的生物老师把阅读生物课本分为四个层次：第一层是读目录（思考每一章、每一节的大体内容），第二层是熟记每一节的蓝体字和黑体字，第三层是读正文部分（对其中的概念等也要熟记），第四层是读旁栏内容、课外信息、科技探索之路、本章小结，并且完成课后习题（很多高考题源于此）。背熟了课本可以保证简单的题目得分，但不能保证可以取得一个极高的成绩，想要取得一个很高的成绩需要在做题中积累解题经验、答题模板、考虑顺序等。我学习生物的具体方法有：

（1）背课本。我经常在学校的早读时间拿出生物课本或笔记本背诵（建议大家在背诵时加入自己的理解帮助记忆，但在书写时尽量不要改动原文）。高三时我还把选修三课本上的重点抄写出来，放在一起背诵，帮助自己复习已经遗忘的选修知识。

（2）整理与归纳。生物笔记是一定要有的。但我认为更重要的是整理与归纳。我会把答题模板、一些书本外有助于自己做题的信息、课本内容的抄写、容易写错的名词等统一放在我的笔记本上。但说来惭愧，我对笔记本的复习并不及时。希望学弟学妹们能以我为鉴，及时复习笔记本。

（3）刷套题。高三最后一段时间我的生物成绩突飞猛进，我把它归功于刷套题。当时学校发了两本套题册，我基本上按照一到两天一套的速度完成（不建议大家刷得太快，比如一天好多套，毕竟每天其他科目也有很多内容需要完成），这段时间我感觉自己越来越能找到做生物题的感觉了。通过做题，我自己的知识体系也更加完善，不会的知识也越来越少。刷题时不建议大家一看到会做的题就跳过，因为刷会做的题可以提高熟练度，也可以巩固知识，有百利而无一弊。

总结到这里我也竭尽所能了，希望对看到这篇文章的学弟学妹们有所帮助。最后祝学弟学妹们心想事成，考取自己理想的大学。

强青春之意志，抵梦想之彼岸

学员姓名：刘同学

录取大学：北京大学

成长寄语：幸运之神的降临往往是因为你多坚持了一会儿，多迈出了几步，多找了一条路，多拐了一个弯。

在人生旅途中，高中三年是一个充满奇迹的阶段。在这个阶段，我们会学到很多知识，也会经历无数风雨，我们不畏艰险，勇往直前，只为了一个目标——金榜题名。正青春的我们，该如何掌好人生的舵，利用好高中三年宝贵的时光，考上理想的大学，顺利抵达梦想的彼岸？身为过来人的我，有些经验想与大家分享。

“天将降大任于是人也，必先苦其心志。”高中，是一个磨炼人意志的时期，尤其是高三，我们的心态会随着成绩像过山车一样剧烈起伏，只有拥有一颗足够强大的内心，才能支撑我们不断前进。相信大家都听说过“天道酬勤”，也一定在作文里常用到“苦心人，天不负”这句话，但有谁真正把它当作座右铭，永远坚信呢？我想说的是，这句话，一定是正确的！如果你体会不到，那一定是你还不够努力。

以我为例，我高三时成绩起伏不定，我的心也随着成绩一次次地大起大落。在距离高考不到一个月的二模中，我甚至退步了十几名，梦想的北大变得遥不可及。但是我没有放弃，我坚信，这一个月的时间，只要我全心投入，一定会有一个圆满的结局。

说到做到。在周围同学以调整状态为由不上早读的时候，我从未缺席，始终坚持五点半起床，六点前到教室；在有的同学生病回家休息的时候，我强忍着感冒发烧带来的不适坚持上课；在别人回到宿舍开始玩闹的时候，我已经累得瘫倒在床上不想动弹；在高考数学已经失利的情况下，我稳住了心态，将其他科目考出了理想的水平……

我的努力没有白费，纵使我的高考成绩因为数学一门而惨不忍睹，但我却幸运地通过“筑梦计划”成功进入了我理想中的学府——北京大学。这些日子，我时常会想，所谓“越努力，越幸运”大概就是如此吧！而这一切的前提是我坚定的信念——只要我努力，一定能考上北大！

我在这里讲自己的亲身经历，是想告诉所有迫切想提高成绩却没有起色的同学，不要放弃！你在高中三年所有的付出都会在高考得到回报，相反，如果你轻言放弃，甚至自暴自弃，那么你荒废的一切时光也会在高考中给你致命一击。

有一颗坚定的心是高考成功的前提，但只有努力，不注重方法，也注定是竹篮打水一场空。下面我把自己总结的经验和教训分享给大家。

对于语文学习，我是比较擅长的。这一科目的学习，最为考验基础，更需要你发自内心地去热爱它。因此，要想学好语文，一定要有学习的主动性，不要总被老师催交作业，这样会使你逐渐对语文产生厌倦，甚至认为自己不适合学语文。实际上，作为一个地地道道的中国人，谁敢说自己天生不适合学语文？只是没有养成好的学习习惯而已。我建议学弟学妹们在空闲时多读点书，可以是小说，也可以是名家散文，不要一到自习就刷题，适当放松一下，有利于保持对语文的兴趣。

数学一直是我的一块短板，在高考中我也确实尝到了教训。从一个高考数学失败者角度来看，我认为自己高考失利最主要的原因是高中三年没能形成一套完整的数学体系，总是遇到一个题型会一个题型，结果2021年的高考数学创新性很强，我就吃了大亏。因此，我希望学弟学妹们能学会归纳总结，不要只沉浸于刷题。要记住，高考题是你永远不可能刷到的！

英语的学习，永远以积累为基础，毕竟这是一门陌生的语言，我们在高中阶段很难完全掌握它。应对高考，我们不仅要背熟课标内的单词，还要积累阅读理解中出现的生词。再者，2021年的高考题中，派生词占据了生词的半壁江山，所以我们平常背诵单词时也要注意联想，不要死记硬背。此外，对于各类题型，我们要掌握答题方法，但最关键的还是自己归纳。我的“七选五”答题方法就是在一次辅导后，结合自己实际而归纳出来的，此后我的“七选五”就几乎不再错了。

物理学习，在我看来，最重要的是要踏实走好每一步，因为高中物理各个知识点的连贯性很强，比如，如果运动学没学好，那么不论是电磁场学习还是牛顿定律的学习，都会受到很大影响。我学电磁场时有些不认真，导致每次遇到混合场的题目就不知所措。因此，学物理我们要一步一个脚印地走好每一步。此外，高中物理还需归纳好题型，错题本必不可少，每次考试前重新做一遍错题，对提升成绩有很大作用。

化学是一门知识点非常繁杂的学科，尤其是近几年的新高考，已经达到“无物不考”的地步。因此，我们应用心整理好做题时遇到的每一个陌生知识点，时常翻看。高三一年，我就整理了 560 个知识点，每次考试前翻看一遍，作用很大。另外，学习化学，规范很重要，方程式的书写要注意是化学式还是离子，写有机反应别忘了生成物里是否有水，反应是否可逆……诸如此类，只要我们多刷题，多总结，形成习惯，才会对化学考试驾轻就熟，不再犯低级错误。

生物学习一定要注重课本，不要抱着《一本涂书》或者“资源库”就把课本丢到一边。要知道，高考出题一定离不开课本。所以说，不论到什么时候，课本始终是根本。高中三年大大小小的考试，我习惯了每次考试前把课本过一遍，每一次都会有全新的收获。因此，我建议大家手边始终备着课本，时常翻一翻，不仅有利于我们保持对生物的敏感性，更会帮助我们形成一套完整的生物知识体系，这样遇到陌生题型才不会慌乱，能从这一套体系中找到落脚点，从而逐步分析问题，解决问题。

高中学习，很苦很累，但也最为充实，最为精彩。亲爱的学弟学妹们，请珍惜宝贵的青春年华，坚定信念，不懈奋斗吧！希望当你们回想起这段为梦想奋斗的时光时会心怀感激。

衷心希望我的一点分享能够给你们带来一些启发，带来一些帮助。最后祝愿大家，金榜题名，圆梦高考！

我的北大求学路

学员姓名：张同学

录取大学：北京大学

学姐寄语：谁终将声震人间，必长久深自缄默。谁终将点燃闪电，必长久如云漂泊。希望学弟学妹们拿出踏遍荆棘的勇气，必会收获玉汝于成的辉煌。博雅塔下宜聆教，未名湖畔好读书。我在金秋的燕园等你来！

书海泛舟，翰墨飘香。回顾漫漫求学之路，值得铭记的时刻很多。父母的陪伴点亮伏案夜读的课桌，师友的鼓励温暖风雨兼程的旅途，如今希望与梦想的彼岸已近在咫尺，将高中文科学习若干经验付诸笔端，希望对学弟学妹们有所启发。

关于数学：追风赶月莫停留，平芜尽头是春山。

数学学习要求我们能透过现象看本质，保持自己做题的敏感度和思维的灵敏度，这离不开必要的练习、总结、回顾与复习。无论是用错题本做题型归纳，还是将试卷收集起来系统整理，都是很好的方法。当然，单纯地理解某一道题目的解题思路是不够的，还需要触类旁通，将一道题教给你的新方法用于其他题目。我们要学会一题多解、多题一解。在尝试运用多种方法解题时，我们应当细心地去比较它们的相似之处、不同之处。当你在个别中探寻普遍规律，在普遍中找到特殊并做具体分析时，你会发现五花八门题干的外衣下其实是相同的知识内核。也就是说，题目千变万化，知识的本质不会变，思维的精髓不会变。

关于英语：文化与语境齐飞，词义共呼应一色。

我在这里想强调的是，英语一定要重视在文本、语境中理解某一个词语或者句子的含义。对于英语，很多同学都发愁单词很难记，如果我们仅仅将一个单词写到笔记本的左边，将它的汉语意思直接写到右边，我们就很难深入把握和理解这个词。只有把单词放在整个文段中整体把握，才能真正深入理解这个词语，从而提升语感。在这个过程中，英语文化知识的积累也非常重要。英语阅读一定要摆脱“我认为，我想是怎么样”的思维，而应该从作者和命题者的角度出发，思考文章写的是什么、作者怎么想，从而走出自我的狭小天地，深入理解题目。另外，还要注意英文的书写，要以一种“工匠精神”重视卷面，做到精益求精。关于字体的模仿，要关注每一个细节，从字母的大小到斜度，从单个字母的打磨到整体文章的协调，都需要我们静下心来钻研。

关于文综：衣带渐宽终不悔，为伊消得人憔悴。

基础知识部分：应梳理框架，综合通史和专题两条线索，对经济、政治、文化史内部的纵向线索进行把握。这对判断选择题题干的时空、选项是否符合时代特点以及部分主观题有很大帮助。知识框架一方面可以根据书本中的单元标题、课题、框题等类别题目来整理，另一方面可以通过思维导图梳理相关内容。这样做不仅有助于我们清晰地记忆书本内容，还有助于我们在答题时灵活调动所学知识，使答案逻辑清晰，要点齐全。

主观大题部分：首先，要善于积累反思。要从题海中汲取养分，积累一些常用的政治术语、时政热点名词和常见的分析思路，内化吸收。其次，要学会从材料中筛选提取有效信息进行语言的转化，作为自己的答案。这一步找准思路是关键，需要先审好题干，确定答题方向和范围。答题时可以按照从点到面、由表及里、由浅入深的层次，依据总分或者分总的形式，先概括要点，再具体分析阐释。最后，有错题本的同学要时常翻看错题，避免二次犯错。一个题目的错误，往往是我们思维惯性的结果，善于锤炼自己的思维，才能在繁复的训练中游刃有余。

关于高途线上学习：让我们的学习如虎添翼。

身处于一个互联网高速发展的时代，我们这一代有幸接触到了高途课堂的线上课程。相比于线下的学习，线上学习可以最大限度地突破时间和空间的限制，以达到传授知识的目的。我们可以利用碎片的时间，通过回放来加强自己的薄弱环节，有针对性地查缺补漏；也可以在直播间里与线上的老师连线互动，和来自全国各地的同学一起探讨学习。辅导老师定时的督促以及耐心的解答都成为线上学习的优势。线上学习，让我们感到知识不再枯燥，提高了我们的学习效率。

“众里寻他千百度。蓦然回首，那人却在，灯火阑珊处。”书声琅琅中，我们常常向往红楼飞雪的英杰辩谈；挑灯夜读时，我们曾想象过博雅塔顶的星空。接到那古朴庄重、浸染燕园红的录取通知书的一刻，梦想的大门悄然敞开，新的征程在远方呼唤，我即将前往燕园与同辈一起书翻千秋史，道尽古今愁。

高中岁月是珍贵且令人难忘的，希望自己关于学习的一点见解能对学弟学妹有所帮助。愿每一个孜孜以求的少年，都能寻得心中的璀璨烟花；愿学弟学妹金榜题名，迈入自己理想的大学。

“赢”战高考之路

学员姓名：郎同学

录取大学：清华大学

学长寄语：命是弱者借口，运乃强者谦辞。风只会眷顾有准备的人，为理想扬帆，才会顺风而行。

高考后一个多月，回顾自己的高中学习经历，从记忆中翻腾出了一些经验，或是自己总结的，或是老师传授的，在这里分享给学弟学妹，便于学弟学妹们借鉴，“赢”战属于你们的高考。

语文

语文是许多同学头疼的学科，尤其是理科生。一般而言，理科生可能更擅长数理化等学科，而对语文提不起兴趣，成绩也不是太好。作为一名理科生，我也有同样的烦恼，幸亏在高三总结了一套语文补救方案，使语文在高考中取得 121 分的成绩。这个成绩不算太好，个人认为如果对语文着手再早点，可能成绩会更好。在这里，我选了几个较为重要的方面，与大家分享。

态度。如果你自认为语文基础差或者语文素养低，不要放弃，不要认为取得高考语文的胜利与你无缘（许多先例都证明语文的提分与对待语文的态度有很大关系）。我给你的建议是，在态度上重视它，坚定信心，多花些时间，最后的成绩不会辜负你。

阅读理解。高考语文的阅读理解题按题型来说，无非选择题与简答题两类。高三初期，随着模考题难度的加大，阅读理解的选择题可能会错四五个甚至六个以上。这时不必惊慌，选择题的正确率是可以刷起来的，准备一本历年真题（除了学校发的题就不要再买模拟题了，尤其是临近高考的时候，有些模拟题的设错点稀奇古怪，反而会带偏思维），把选择题认真做做，慢慢地，你就会摸清高考出题套路，掌控大局，在以后的考试中甚至能达到读一遍文章就知道出题人在哪里设错的境界。针对简答题，要专门准备一个语文笔记本，用来总结简答题答题角度。笔记本上按文本分类（实用类文本、人物传记、小说、散文、诗歌等），每个文本下再细分（如小说可按人物、环境、情节、主题等划分），将高三的每次模考、月考、测试中有价值的简答题及时分类记录，不需抄标准答案，只记录答题角度与自己的心得。高考之前，这个笔记本就是你高三一年简答题的精华，复习一遍足矣。

知识记忆方面。高中语文需要背记的内容不少，如古诗文、文化常识、作文素材等。不论什么知识，“化大为小”的思想十分重要。如果你感觉知识总是记了又忘（我就感觉自己在不学政史地后记忆力直线下降），就把需要背记的内容划分为一个个小任务，并定期复习。完成一个个小任务也会让你成就感满满，不至于背到头晕。

作文。对作文头疼的同学，可以从借鉴开始，如好的开头、好的论证、好的事例、好的结尾等，都可以摘录下来。这样一来，作文的各个部分都准备好，便不会在考场发慌（但不要一整篇复制，那样的作文融入不了自己的思想，且只能应对一个作文题，考场上还是无从下手，就算写出来也是驴唇不对马嘴）。

其他。在高三一年的刷题过程中，要善于总结一些考试的小方法和小技巧。比如，在做考查文章原文内容理解类的选择题时，可以边阅读文本边比对选项，并及时划分文章层次。一篇文章读完，一道选择题已拿下，文章也已划好层次，脑中对文本逻辑更加清楚，对做后面的深层次内容理解的选择题也大有裨益。最重要的是，这样节约了重读文本的时间（前面的题节约下的时间让你构思作文更加从容），可谓一举多得。总之，在复习中总结一些好方法，逐渐形成自己的提分攻略，语文成绩的提升会立竿见影。

关于理综

进入高三，理科综合可谓是每个学生面临的大魔头（新高考除外），题目错综复杂且分值加大，时间更紧张。这时候，高中理科知识扎实的学生便脱颖而出，而漏洞较多的同学则一次次踩雷。

我在高三准备了一个专属理综的错题本，每次考试完就将错误和知识漏洞简要记录下来，不必太详细，更不需要抄题（高三的时间非常紧张，不需在抄题上浪费时间），只记知识点和新颖的题型，只要自己看到能回想起来就好。开始可能一次考试可以记两三页，到临近高考的时候，基本每次考试只能提炼出半页有价值的知识点，这种查漏补缺的感觉十分顺畅。

当然，只记录知识点还不够，你要保证自己笔记本上的知识点不会再次出错，这样才能起到查漏补缺的作用。因此，你要把错误完全弄清，还要常常翻看这个笔记本，否则这个方法就变成了一个形式，不仅没用，还浪费了时间。

除了知识方面，理综的成功还需要考试技巧，这包括考场上的时间安排、心态调整、答题规范等。平时做题时，要有意识训练做理综选择题的速度，否则考试时可能因为一道选择题打乱自己的节奏，全盘皆输。面对难题，不能花费太多时间（如物理大题最后一问，若思考后仍无思路，就将能列的公式、能得的结果全写上，然后赶紧做后面的化学、生物，有时大题结果只占一分，而一个公式就占两分），理综答题要有整体思维，时间的安排十分重要。

关于清华强基计划

我是参加清华强基计划进入清华大学的。如果你平时成绩较好且较稳定，有考上清华的实力，强基计划可以作为高考裸分不达线时的一个备选通道。清华强基计划在高考前报名，高考后一个月内完成录取（先于一本录取，所以也是最早拿到通知书的）。高考后如果分数达到入围线，可以参加笔试（笔试的难度高于高考，偏向竞赛知识，备考时可以涉猎一些数理化的竞赛知识，但不需要学太深）。笔试通过，才可以参加面试，面试通过，则可以被清华大学录取。清华强基计划先于高考招生，因此强基未考上并不影响后续志愿录取，想冲击清华大学的学生，可以报名尝试。补充说明一点，清华大学强基计划的专业均为文理基础学科，也有理工双学位的专业方向，如果想学习金融管理类的就不必考虑了。

后记

高考成绩是对高中努力程度的评判，只要是在高中学习扎实的，最后的成绩也一定不会太差。“命是弱者借口，运乃强者谦辞”，不要随随便便否定自己，只要努力，各种可能都会发生。愿各位不负韶华，轻装上阵，最后拨开云雾，顶峰相见。

触摸历史的余温：浅谈高中历史学习

学员姓名：杨同学

录取大学：北京大学

学姐寄语：三载跋涉斩荆棘，一朝逐梦续光阴。

很喜欢黑格尔的这句话：“历史是一堆灰烬，但灰烬深处有余温。”在历史的长河中，所有的——无论灿若星辰还是小如尘埃，最终都会陨灭在历史的火焰中，化为一堆灰烬。而那灰烬之中的余温，我觉得就是历史赠予我们的礼物，在燃尽的时光中触摸温度，这是我对历史的理解。

高中三年的历史学习虽然短暂，对我而言却也有很多收获。对我来说，学习历史是一个充满磕绊、不断摸索的过程。也正是在这个过程中，我归纳了一些学习历史的经验，借此机会简单分享一下，希望对大家有所帮助。

一、牢记关键时间点，熟悉特征时间段

任何知识的学习都需要先打好稳固的地基，而学习历史的地基，我认为是一个个史实。高一高二重点记忆与理解历史事实，

高三进行专题的总结与提炼。对于基础的掌握，我认为应该至少做到两点。

第一，对于关键时间点的记忆，也就是重大的历史分隔线，我们不仅要记牢时间、具体事件，还要记牢课本上对它的重要表述，这很可能是选择题的选项与大题的答案。我喜欢用画时间轴的方式来梳理历史事件，着重标出重点与难点，不用刻意去记，每天利用碎片时间看一看，坚持下来便会有很大收获。第二，是对历史时期的记忆，这里我们可以根据课本单元与高考选择题的范围，划分不同时间段，然后进行整理，总结出对时段历史特征的表述，可以分成经济、政治、文化、社会等角度，同时在做题的过程中可以不断补充，这对于回答大题大有裨益。

二、培养解题思维，打破思维定式

历史学科的考查越来越灵活，这提示我们做题时要注重培养自己的解题思维，或者说应该更注重理性，灵活应对。平时模拟考或者自己刷题做过的历史题目，尤其是高质量的题目，不管第一次做没做对，做完后一定要厘清解题思路，了解出题人的意图，掌握考点。需要清楚做题应抱着从题目中汲取经验的心态，而不要为了做题而做题。

同时，可以尝试采用整理错题的方法，不必抄详解，要尽量精简，标注关键点即可，这样在提高效率的同时能够对症下药。另一方面，也可以尝试讲题，在讲题中能更直观地感受到自己的逻辑是否清晰，对题目的理解会更加透彻。另外，讲题还可以让我在与老师、同学的交流中收获新知，锻炼自己的表达能力与心态。虽然要花费很多时间去准备，但是久而久之都会变成宝贵的财富。

三、反复研究高考题，寻找变化与不变

到了高三的冲刺阶段，为了适应高考，我们应渐渐地将做题重心向高考题转移。我的方法是反复地做高考题，每次都有新的感悟。第一次做的时候，可能会发现自己知识上的漏洞，方便我有针对性地查漏补缺。在做题时有一种情况，我觉得对于大多数考生来说具有普适性，就是常常遇到把握不准靠蒙做对的题，这往往就是出题人设置的陷阱，一定不能忽略。这类型的题平时需要多加训练，找寻技巧并活学活用，第二次、第三次、第 n 次做方可熟能生巧，下笔如有神。

在最后的一个月里，我的重心不在做高考题上了， 而是转移到将高考题进行分类，把分好类的题打印出来订成小册子，再进行一次复盘。这时候不必再进行十分完整的答题，可以采用整理错题的方式对题目进行言简意赅的总结，这样在考试前可以进行快速有效的复习。

对于高考题中的变与不变，我自己也很难把握，但是我认为可以培养思考高考题中不变的内容的意识。比如小论文题的形式年年都会变化，但它归根到底离不开的是对史实的叙述评价。如果尝试这样去理解，那么无论遇到怎样奇怪的形式，至少不会过于慌张。同时，在最后的阶段，还应该多了解其他省份或模考中的新题型（高质量的），不一定要做一遍，多看一看，起码面对高考全新的题目时还是有所裨益的。

其实对于任何知识的学习，我们都应该是在不断地探索与实践中一点点进步的，所以无论用什么方法，最重要的应该是坚持，在不起波澜的日复一日中去寻找坚持的意义，然后再根据得到的效果、自己的实际情况去不断地调整改进，最终一定会找到最适合自己的学习方法和状态。

科学规划，拼搏逐梦——语文学习指南

学员姓名：王同学

录取大学：清华大学

学长寄语：亲爱的学弟学妹们，希望你们可以用汗水哺育非凡，用智慧丰富内涵，用拼搏创造辉煌，在自己的人生历程中不负青春、砥砺前行。

语文是基础学科，很多人平时并不注重学习，其实这是一种误区，高考改革最大的变化就是语文比以前重要了，地位明显提高，语文能力的高低，在一定程度上决定着其他科目的成绩。语文是我喜欢的科目之一，在高中学习的过程中，通过不断地摸索总结，以下三方面对我的学习有很大帮助：

（1）有合理的规划。合理的规划有助于提高学习效率。规划分为长期与短期，在学期或新阶段的开始，对学习的内容、习题的安排做一个长期的规划，对每天学习的内容、时间的分配做一个短期的规划。

（2）善于总结。在学习过程中进行总结是对学习内容、难点、易错点的再一次梳理。总结的内容可以根据自己的实际情况灵活调整，可以对近期学习的知识进行总结，也可以针对某一块知识做一个小专题，或者对近期的错题进行总结。总结的方式也可以根据时间的紧张程度调整，可以通过记笔记的方式总结，或在习题册上做标记，抑或以口头陈述的方式总结。无论以哪一种方式，都要明确总结的目的是复习，而不是单纯地记笔记。

（3）科学做题。科学做题是巩固知识，提高“手感”的重要途径。“科学”可以从方法与内容两方面入手。在做题时应明确题目所对应的知识点以及该类题型的特点、特殊的解题方法等。在练习时，除了完成基础练习外，可以根据自己容易失分的题进行专题练习，也可以就自己的情况进行难题的练习。学习应“两条腿走路”，学习完基础知识后，在进行专题练习的同时加强套卷的练习，一方面巩固知识，另一方面进行时间安排。

语文是一门考查综合素养的学科，平时要注重积累，注重阅读，注重提高理解能力。以下我再分享一下我的解题技巧：

论述类文本阅读：在整体阅读时，首先可以阅读题目与作者，其次进行通读，在通读时画出每一段的关键句，最后梳理文章结构。整体阅读后，阅读选项内容，在文章中找到选项对应的阅读区间，再研读比较，综合判断。在做题时，要明确文章段落的中心，不要主观臆断，也不要过于注重某一细节或某一字眼而忽视对文章整体的把握。

非连续性文本阅读：此类阅读的阅读方法与论述类文本阅读的阅读方法基本相同，在阅读前，了解简答题的问题，在阅读中画出相应的答题点，解答时分条分角度陈述。

文学类文本阅读：文学类文本阅读可以按照人物—事件—形象—主题的角度进行思考。可以积累一些答题模板，如：答题时可以按照情节、人物、主题、艺术效果等角度解答，同时不要根据自己的想法去理解文章，而要站在作者的角度，按照文章设定的情景去理解作者表达的主题。

文言文阅读：文言文阅读要注重文言实词、虚词以及文化常识的积累，在做题后，把文本中不熟悉的字词查询后记录，及时复习。

诗歌鉴赏：①仔细辨别题目，确定答题要点。②答案需结合文本分析，有理有据。

语言文字应用：在做题前应通读文章，在做题时注重找不同点，通过组词找寻差异，结合语境，进行选择。平时应注意加强词语的积累，要掌握基本病句类型，平时多学习语法，获得语感。

作文：作文要注重积累素材，可以阅读《人民日报》《中国青年报》上的文章，积累名言和时事素材。同时要明确不同作文的类型，掌握不同类型作文的写作要求。在考试时，审题要认真，明确题目要求及作文类型，把握主旨立意。

以上是我的一些经验分享，希望对学弟学妹们的学习有所帮助。付出终有收获，努力会有结果，预祝大家考上心中的理想大学。

英语、数学优势学科的经验分享

学员姓名：王同学

录取大学：北京大学

学长寄语：梦想是凌晨拿起笔的坚持，是掀开被子的毫不犹豫和冷水扑面的清醒，是六点看到旭日东升的惊艳和笔记绽放的光。

时间能把一切起伏和波澜滤得干干净净，那么多心潮澎湃，那么多刻骨铭心，在如今只化作一杯白开水，平淡而自然，细细品味，复有拨动心弦的滋味。

高中三年我是怎样度过的？高一的摸索和改变，高二的蜕变和超然，高三的血泪和茫然。从初时的不适应、自我怀疑，到后来的成长蜕变、苦中作乐，再到最后的依依不舍，三年时光转瞬即逝。高中是让人成长的一个阶段，辛酸与感动，烦闷与痛苦，感动与不舍，在高考结束一瞬间释然，只有经历过才会有百感交集、心潮澎湃的感觉。

至于学习方法，首先我想说的是要习惯独处、享受独处。在我看来，在安静的环境中探索自我、思考问题，远比在喧嚣的人群中随波逐流好得多。在独处中探寻心灵的宁静，体悟学习的真谛，是一种妙不可言的感觉！

具体到学科方面，数学和英语两个学科，我比较有经验（高考都是 149 分）。数学，首先要养成思考的习惯，下笔前先在脑海中根据题意探索方向，拟定一个大致思路，逐步推演得出结论，思路清晰后再下笔写步骤。另外，数学离不开刷题，刷题要精刷，有质量、有启发的好题可以保存下来反复思考，每隔一段时间重新做一做看能不能有新的收获；至于没什么价值的题可以酌情舍弃，避免简单机械的重复，腾出宝贵的时间做些更有意义的事。英语，最重要的是语感。有了好的语感，你会发现英语并不需要什么做题技巧，凭着感觉和对文本的理解就可以轻松拿到高分。语感的建立是一个漫长的过程，重在坚持。个人认为做完形填空是提升语感最好的方式，因为既要考虑所填的词在句中的具体含义，也要考虑文章的结构和情感。建议同学们每天中午练习一篇完形填空，做完后耐心积累生词，琢磨长难句，揣摩文章情节发展和情感倾向。长此以往，量变引起质变，相信某一天你会发现英语原来并非那么难。另外，学习兴趣是很重要的，可以在平时多看些英文电影、英文杂志，甚至把手机文字设置成英文，在休闲娱乐的过程中培养了对英语的兴趣，锻炼了英语思维，何乐而不为？

此外，同学们要学会在课堂之外获取知识，高三时我曾在高途课堂有过学习经历。在我看来，线上学习有不少优点。其一是时间和空间的灵活自由，上课时间和地点全由自己决定，不再有被迫学习的紧张感，感觉悠然惬意；其二是内容学习的针对性，自身薄弱的知识点可以回放反复观看，已经熟练掌握的板块可以加速或跳过，按照自身需求获取知识，这是一种更高效的学习方法；其三是轻松活跃，老师们都十分有活力，会有各种互动，课堂气氛活跃，同学们讨论热烈。线上课程十分有利于学科短板提升，以我自己为例，本来我的语文成绩很不稳定，选择题靠运气，大题靠胡诌，时运不济时分数便会跌到两位数。跟着高途课堂的董腾老师学习了一段时间后，我的语文水平飞速提升，选择题有了明确的思考方向，大题有了完整的答题思路，语文成绩稳中有进，在高三后期基本稳定在 120 分以上。

学习的同时要学会适当放松，过度紧张会导致成绩下降。大家可以在课余时间去操场跑跑步、打打球，去花园散散心、晒晒太阳，劳逸结合有利于身心健康，也有助于提升学习效率。同时，也要和父母、老师、同学多交流，让开心翻倍，痛苦减半。

其实每个人都有适合自己的方法，同学们都懂得南橘北枳的道理，保持独立思考，不要盲目照搬他人的方法，多尝试、多摸索，根据自身条件选择合适的方法并坚持践行，相信大家一定会取得进步的！加油！

小谈我的学习经验

学员姓名：郭同学

录取大学：北京大学

学长寄语：计划时常落空，努力才有结果，经历风雨才能见到彩虹，脚踏实地才能走到高处。

一、合理安排学习时间

学生自己能控制的主要是晚自习的时间。而晚自习一般主要用于做作业。每天要完成的作业有若干项，我们要学会根据其重要程度做出适当安排，将自己状态最佳的时间段优先分配给重要的作业。那么何谓重要的作业？我想大致有如下几个判断标准：一是需要思考的作业重要，机械重复的不重要；二是典型题重要，偏题、怪题不重要，不要将时间浪费在题海中。

此外要利用好零散的时间。五分钟、十分钟干不了太多的事，却也够背一些英语单词或一段文言文。要懂得见缝插针地利用空余时间。比如早上上学时，从宿舍或者家里到学校的十几分钟里，可以在脑子里快速过一遍昨晚的复习内容。每天中午、下午放学时段往往是食堂开饭的高峰期，有心的同学完全可以利用这十几分钟的时间，默写一篇古诗、做一篇英语阅读等。几十分钟的时间虽然很少，但是却能让我们在高考前多记住一个知识点、多做一道类型题。

二、保持精力旺盛

晚自习时间要集中精神，提高效率，不要对着作业走神或者做作业时听音乐、看电视。在学校上自习时更要遵守自习纪律，要关掉手机，尽量减少外界干扰，独立完成作业。学习完毕及早睡觉。白天在学校时如果感到疲劳、困乏，抓紧课间或午自习时间小睡片刻，对恢复精力有很好的帮助。

三、针对学科特点选择学习方法

1. 语文

谨慎刷题，市面上的模拟题五花八门，与高考真题天差地别，要根据老师建议做。

平时积累语文答题术语，比如表现手法、人物性格情感之类的，只有将术语烂熟于心才能在紧张的考试中准确作答。

2. 英语

作为一门语言，多读多看必不可少，我在很长一段时间坚持每日两篇英文文章，共 1 200 词左右，同时积累词汇，达到了英语从 120 分提升到 142 分的目标。

建议同学们有条件一定要重视英语书写，当然实在练不好也可以放弃，尽力保证除写作外的部分接近满分。

3. 物理

高考命题组由大学教授组成，他们通常会担任普通物理的教学，对高考课本与考纲有一些与普通高中老师不一样的理解。反映在出题风格上，高考题注重考查学生对物理原理的掌握与理解，题目表述清晰、严谨、无歧义，而普通模拟题故意设置陷阱，考查同学们脑洞够不够大，应试经验足不足。虽然刷题是必需的，但要有识别题目合理性的能力，不过度纠结，建议以高考真题为主。

4. 生物

生物作为理科中的文科，知识构建往往要摆在刷题之前，并且高一、高二的生物题与高考题型差异较大，较难积累有用的刷题经验，不建议购买练习册，而要注重知识之间的联系。高三阶段建议一轮复习用练习册，查漏补缺，以记忆知识点为主，之后做理综题积累经验。

四、考试的一些注意事项

树立“每分必争”的信念。考试时很多同学一旦解题不顺利，就会产生焦躁、沮丧的情绪，轻易放弃得分的机会。其实高考绝大多数题都属于容易题或中档题。要冷静应答，决不轻易放弃每一个得分机会。以数学解答题为例，即使得不出答案，也要尽量清晰地将思路展现给阅卷老师，这种情况阅卷老师会酌情给分 。

掌握好时间预算。高考之前做模拟题的一个重要作用就是考生熟悉试卷结构，从而找到自己最佳的解题节奏。在高考之前，应该对自己的时间分配情况了然于胸。遇到实在超出自身能力范围的题，不要耗费超出自己预算的时间，要有全局观念。

注重答题的规范性。要学会用学科术语表述自己的答案，避免使用俗语。解答题一定要有相应的文字说明。到高三时要经常将自己的答案和标准答案做对比，发现思路中的不严谨或表述得不足之处。有意识地积累答题术语，前期甚至可以通过直接看答案来记规范术语。

保持卷面整洁。一笔潇洒的书法可以为作文增色不少。不仅作文如此，任何一道主观题，书写的好坏对得分都可能产生一定影响。字可以不漂亮，但不能拙劣。答题时字迹时大时小或排列得密密麻麻等问题都可能对成绩造成负面影响。建议笔迹潦草的同学及早练字。

五、电子错题记录

优点：

①省时省力，不用抄题。

②方便检索统计，了解自己一段时间的进步以及弱点所在。

建议：

①最好学校环境宽松，可以使用手机。

②有最基本的自制力，不打着学习的旗号摸鱼。

③科学用眼，适时休息。

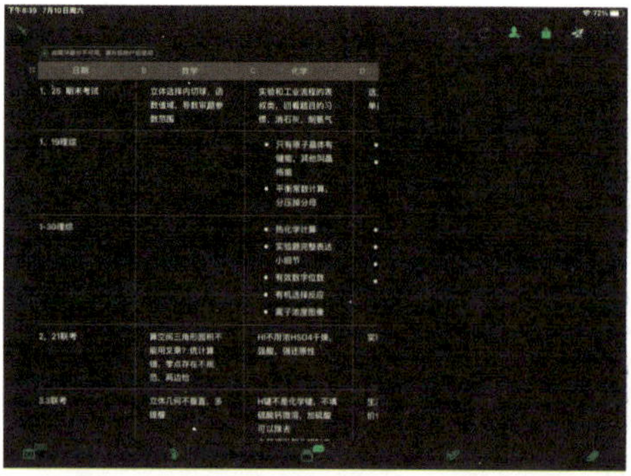

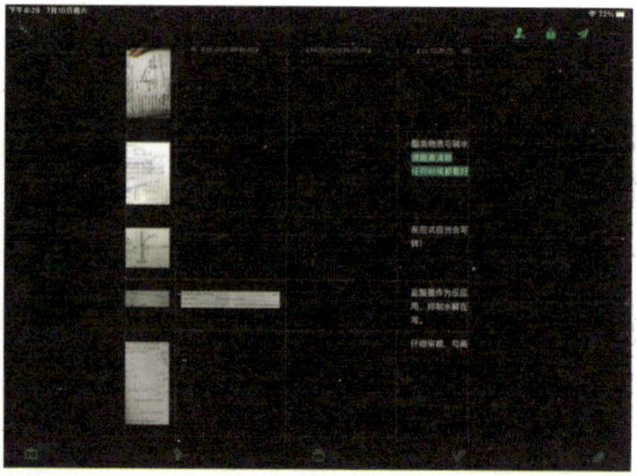

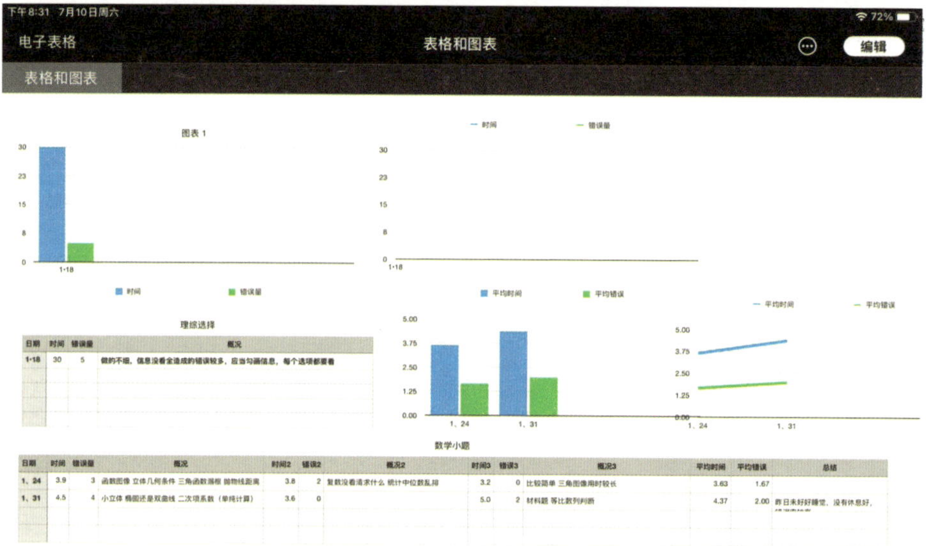

理综选择

日期	时间	错误量	概况
1·18	30	5	做的不细，信息没看全造成的错误较多，应当勾画信息，每个选项都要看

数学小题

日期	时间	错误量	概况	时间2	错误2	概况2	时间3	错误3	概况3	平均时间	平均错误	总结
1、24	3.9	3	函数图像 立体几何条件 三角函数踢根 抛物线距离	3.8	2	复数没看清求什么 统计中位数乱排	3.2	0	比较简单 三角图像用时较长	3.63	1.67	
1、31	4.5	4	小立体 椭圆还是双曲线 二次项系数（单纯计算）	3.6	0		5.0	2	材料题 等比数列判断	4.37	2.00	昨日未好好睡觉，没有休息好，

愿君执笔定乾坤

学员姓名：贾同学

录取大学：清华大学

学长寄语：愿学弟学妹能以三年努力换来“明年此日青云去，却笑人间举子忙”的自豪！

白云苍狗，转眼三年。如今，我作为一个“过来人”，想与学弟学妹们谈谈我积累的经验与教训，倘若诸君在阅览后能有些许收获，那这篇文章也体现它的价值了。接下来我想从学习各学科的经验及学习资源两方面谈谈自己的看法。

学科经验

语文学科，我想这该是很多理科生的痛吧！语文也曾是我的“老大难”，为了克服这个“老大难”，我总结了“三步学习法”：一心听，用心记，专心练。

“一心听”就是上语文课时要认真听老师所讲解的内容，思考自己是否已经掌握，切勿在语文课上走神或想其他学科的题。

“用心记”则是准备一个笔记本（大而厚），上课时记下老师总结的知识框架、答题模板、设错点；下课后，练习时把新鲜的文化常识、文言文没见过的字词（很重要）、作文好句、没见过的答题模式都记下来，并且在早自习、语文课前多翻阅记忆（我的语文可以逆袭，少不了这么一个超棒的笔记本）。

“专心练”便是练题。拿语文这门学科来说吧，也许有人认为练题无用，但我很难苟同。大家要做题，有两种题型必须重视：一是新题，二是高考题。做新题是为了把握出题最新动态，让自己及时了解新题的解题思路，而做高考题是为了明白历届高考的设错点、答题思路。在这里，我要强调一下，做语文题不是盲目地一套套刷下去，而是重点练自己的低分题型，切莫做大量无用功！请相信，如果你在弱势题型上做了很多练习后，再去做这类题便会如鱼得水。

数学学科，最重要的还是打牢基础，切莫混淆重要概念，毕竟只有打好基础才能拿到高分。在此我建议大家准备一个错题本，将做错的题抄写或剪切进去，有时间便翻看或遮住答案再做一遍。实际上，查漏补缺的收益比盲目刷新题大很多！而在刷题方面，我建议优等生多做导数、解析几何难题（不过太难太怪的就没有太大意义了），毕竟这些题有很大的区分度；而成绩不太好的同学，应当保证 1~11 题，13~15 题以及 17~19 题有解题思路，在学有余力的情况下再去攻克难题。最后讲一下考场策略，12、16、20、21 题都是难题，无论是谁都有可能面临卡壳的风险，这时切不可死抠一道题，而应该及时先做会做的，保证一定时间内的最高得分。

英语学科，我认为最关键的还是背单词。不管是高几的学生，每天积累新词都十分重要，毕竟单词都明白了，怎么能不会做题呢？以我为例，我在高一时单词量匮乏，连 120 分都很难达到，但在高二时重点背了一段时间的单词，成绩便逐渐稳定在 135 分。单词积累方面，大家可以背课本上的单词、《高考必背词汇》中的单词和做题时不认识的新词。另外，为了作文的美观，大家可以练练英文规范字体，这对成绩的提高也很有帮助。

理科综合中的物理重在理解与计算，化学重在博识（因此要多刷题），生物重在背诵（课本上的知识一定要多次巩固）。结合我的个人学习经验，我认为这三门只要上课跟着老师的进度学习，下课多刷题，就应该没有什么问题。另外，理综考试时最需要注意的便是时间，正所谓一寸光阴一寸“分”，平时做理综题时都要严格控制好时间，逐渐形成自己的做题风格，保证在有限时间内把会做的、容易得分的题都做了，才是正解。

学习资源

在我看来，线上课程学习是日常上课的补充，线上学习的方式不受时间及空间的限制，同在校学习相比，更加自由灵活，平时我会在周末回家看高途课堂上所讲的知识。语文董老师讲得确实不错，语言风趣幽默且总能抓住要点，可以让我复习在语文课上学过的内容，或补充我走神没有听到的内容。总之，我认为在学有余力的情况下多听听高途课堂对提升成绩非常有帮助，同学们可以按照自己的时间与学习情况进行合理安排。

最后，我想感谢高中三年为我上过课的各位老师，我的成绩离不开你们每个人的帮助，倘若没有你们中的任何一位，我都不可能有今天的成绩 。

最后的最后，我想勉励各位学弟学妹：有朝一日，你们将走向自己的征程，在未来的“战场”上希望你们能够从容淡定，执笔定乾坤，终将“春风得意马蹄疾，一日看尽长安花”！

篇四

强基竞赛篇

「既然我已经踏上这条道路，那么，任何东西都不应妨碍我沿着这条路走下去。

——康德」

不被目标所异化，不在困境中踱步

学员姓名：郭同学

录取大学：北京大学

学长寄语：年少时常有迷茫，但即便身处迷雾，也请谨记保持初心，永远保持热情，永远不被目标所异化。

我是砾夫，2021 年化学竞赛全省第五、国赛银牌，北大金秋营全国前一百，通过强基计划进入北大。高中两年多的竞赛经历，于我而言是挫折居多，但我也正因此而受益良多。

调整心态，学习从被动到主动

在升入高一前的暑假，我参加了山大附中的“追梦之旅”夏令营，因为中考时化学成绩最高，我抱着试一试的心态误打误撞地进入了化学竞赛的大门。但当时我并没有做好竞赛学习的准备，无论是学习策略抑或是方法都还停留在初中“由老师引领着学习”的窠臼之中。

在小学和初中阶段我的性格比较活跃，容易引起老师注意，所以学习上出现什么问题老师也会留意到，从而帮助我、引导我去解决问题。但到了高中，学习模式更为自由，老师让同学们自主学习的时间更多，尤其是竞赛学习，“自学”占据了竞赛生涯的绝大部分。

所以，这个时期应该做的是积极调整自己的心态，意识到自学的重要性，充分激活自身学习的主观能动性。高中的主动学习并不像初中那样轻松，在初中还常常有休闲时间看看课外书、去公园走走，尤其放假时期，因为学业压力小，脑子里基本就没有学习的概念，并没有养成在日常生活中保持学习的习惯。但竞赛学习是需要持续发力的，意味着自己应该意识到学习本身的快乐，即便放假，也要每天坚持学习并以此为乐。竞赛知识的自学往往需要靠自己读懂很多书并深刻理解背后的知识点，然后应用于做题之中。

积极借力，扣好竞赛的第一颗扣子

在准备竞赛的初期，由于同组中有一位学习进度十分超前的同学，整组的学习进度也因此被加快了。原本我还可以保持自己学习的节奏，两三个月后自己也无法抵御环境的影响，开始有了

“操之过急”的心态。此时组内大多数同学的基础并没有打好，而我的基础相对而言较为扎实，这可能也是我在之后北大举办的金秋营中能进入全国前一百的原因之一。

化学竞赛本身的学科特点是底层知识繁多，会让人在初学过程中出现一读书就懂，一做题就错的情况，所以及时做题巩固是与学习基础知识同等甚至更加重要的事情。另外，在不同模块的初学过程中，要积极地询问老师以及学长学姐，合理规划本模块的学习任务。初学时的路找准，会使化学竞赛知识的学习事半功倍。

坚定决心，慎重选择之后就不要动摇

在高一下学期，高考和竞赛的平衡问题困扰着我。学习竞赛时一定要有高考成绩降低的觉悟，因为竞赛会占用大量的时间和精力，高考成绩势必有波动，这是正常现象。我在高一上学期基本能保证稳定在年级前一百，但高一下学期考过年级二百多名，让我一度陷入迷茫和纠结。我及时分析自身学习方法存在的问题，仔细斟酌是否应重新分配竞赛和高考的时间，让自己重新充实起来，很快我的成绩又稳定了！

积极总结并反复思考，理解透彻

高一升入高二前的暑假是我的快速提升期，我将其归功于每次考试都会进行总结并反复思考。在这里我要提到化学竞赛学习的一个误区，不少同学因为化学竞赛学习内容繁多，遇到不理解的内容便死记硬背，而非反复思考、理解，这对于竞赛学习和能力提高都是有害无益的。化学竞赛内容的繁多只是表面，事实上内在有相当强的逻辑联系，只要理解透彻几乎不需要记忆就可以

自己推断出来。

化学竞赛还有一个特点：化学学科发展时间并不长，其体系性并不像数学那么由简入难较容易学习，甚至有些知识的解释是超出我们现在学过的理论体系的，所以有些问题确实只能记住，上了大学再做深入研究。由此可能就会养成思考不充分的坏习惯，不过幸运的是我及时意识到了这个问题并且及时纠正，每个问题都力图深究本质。

瓶颈期挑战拔高，多方法结合破局

我在暑假集训的多次考试中稳定在前三，多次取得第一，但高二省赛发挥失常，只考出本组第七的成绩。这段时间我的竞赛学习陷入停滞状态，只是机械地看书，而没有辅以及时的习题练习。我总结的经验是积极接触本校学长、外省的优秀学长和同学，一旦发觉自己的学习陷入瓶颈就要积极地突破，而同样走过竞赛路的学长和外省优秀同学的经验是千金难换的。

我在外训期间认识了一个陕西的朋友，现在也一直保持着联系。他曾去衡水中学借读，给我描述了衡水中学的学习方式：每天不间断学习，又保证充分的睡眠，最重要的是在那样的学习环境中每个人都在不断进取，也就促成了自主学习习惯的养成。他们的学习方式给了我很大的震撼和启发。另外，我还认识了一位清华的学长，从竞赛问题到升学再到未来职业规划他都非常耐心地为我解答。

接下来我想写写自己能力的提升。

抗压能力：在竞赛学习的过程中存在不计其数的困难，无论是高考和竞赛的平衡，又或者学习方法、方向的不明确，都给我带来了极大的压力。与此同时也让我有所成长，在迷茫时坚持下去的勇气与决心，乃至最后找到自己的初心并打破瓶颈，这段经历弥足珍贵。

自省以及避免过度自省能力：在经受挫折的过程中，一定会扪心自问：我到底适不适合化学竞赛，为什么这段时间我很努力但是结果不尽如人意？这时候就要细致全面地剖析自己，找到问题所在。但是又不能过度自省，过度自省带来的往往是迷茫，这种无意义的自省是应该摒弃的。

不被目标异化的能力：这是我在迷茫期所得出的感悟。“异化”这个词当初给了我顿悟。就比如说学习最原始的目的是提升自己，而非单纯追求成绩，但是在学习的过程中往往就迷失于成绩，为了一两次的成绩感到懊恼或者狂喜，这就是被目标所异化了。我迷茫期一直纠结于自己的成绩怎么还不提高，但接触到“异化”这个词后想通了，学习知识本身就可以给我带来成就感，不需要用成绩来评判，只要我知道自己的实力不断提高，总有一天成绩会证明一切。

虽然分享了很多个人的学习经历和经验，但每个人走的路都不同，有些事，不亲身经历就无法体会到其中的内涵。我所希望的是，我分享的经验能在你迷茫的时期给予帮助，仅此而已。

志之所趋，无远弗届

学员姓名：苏同学

录取大学：清华大学

成长寄语：有了正确的目标，哪怕前面是万丈深渊，也要纵身跳下，在降落的过程中长出翅膀。在人的一生中知识积累的过程很长，要不低人一等就要少说话，多做事，谦虚学习。

奋斗像糖果一般，可以使人上瘾，这是每一个努力追梦的高中生都能体会的道理。

我在一个平淡无奇的小镇长大，有幸参加县里高中的自主招生进入现在的班级，那时和现在一样，算是我十八年的生命里为数不多的高光时刻。其实我中考的成绩并不好，我带着这样的成绩进入高中，彼时的我“成绩”穷而志不短，在前届学长学姐的引导下心里埋下了考清北的种子。我认为比当前成绩更重要的便是目标，因为成绩是暂时的，一时的成绩并不可能代表真正的实力，心中有梦想并且矢志不渝才是一个奇迹的开始。所以尽管开学考成绩差我也没有气馁，依然按照自己的节奏前行。但令人遗憾的是，入学后的一段时间里成绩并没有起色。这样的经历好多人都有过，虽然努力了却没有得到应有的收获。究其原因，是努力方式不对。对我而言，我的问题是不够重视课堂笔记，书写速度慢且不整齐，晚自习没有完整的计划……意识到这些问题，我给自己定下很多小目标，琢磨着一步一步地实现。事情的发展也很顺利，高一上学期后半部分，我的成绩可以跻身年级前列，这虽在目标之中却在意料之外。从这一经历中我得到的启示是，我需要定期安排一个自省的机会，想想自己有哪些优点，又存在怎样的问题，再去思考应对之策。

眼见课内成绩还算理想，高一寒假我便与学校其他优秀学生一起参加学科竞赛的培训。我的主攻学科是数学。竞赛的学习仿佛为我打开了新世界的大门，那些课内根本不会出现的运算符号、刁钻的思考角度、长似“蜀道”的题干都引起了我深深的兴趣。但俗话说得好，越喜欢的东西越折磨你，竞赛给我带来新鲜感和成就感的同时，也“消灭”了我大量的脑细胞。当然，这是学习的必经之路。和每一位竞赛生一样，我开始超前学习高考内容。自学即自由，也就是说，我可以用导数解高一函数问题，可以用极限探讨函数极值，一些难题用更高级的工具思考往往可以迎刃而解，取得“降维打击”的效果。竞赛的学习并非一帆风顺，当我绝望到连一道题目的题干都看不懂时，我曾想过放弃竞赛，因为它消耗了我本可以用在课内的时间和精力。最终我选择坚持下来，并在高二参加安徽省数学联赛。如果有人问我竞赛给了我什么，首先，拿下数学全国初赛一等奖为我报名强基计划和高校专项时提供了加分项，其次，竞赛为我积累了思维水平和数学灵感，也让我建立起数学的学科自信，竞赛题都可以思考，又何惧高考压轴题呢？这也是我向学有余力的学弟学妹们推荐尝试学科竞赛的理由。

其实我高一、高二并不喜欢题海战术，也就是所谓的“刷题”。当时的我总想着把每个知识点理解得清清楚楚，于是花大量时间单纯地思考知识点。后来我意识到，做题也很重要，学完一块内容后多做一些练习可以帮助我了解题型，同时也能加深对知识的理解。高三总复习时我开始大量刷题，那时我才发现很多题型是我从来没有见过的。我想说的是，仅仅将知识理解得出神入化是远远不够的，尤其是理综，需要积累大量的做题经验。同时，化学、生物十分注重对知识的记忆，课本上的每个重点都需牢记于心，构建好自己的知识框架。但也并不能局限于课本，因为许多潜在的考点是需要我们课外积累的，这时我们就可以利用好理综试卷，建立一个积累本，每做完一张理综试卷就把其中重要的知识提炼到积累本上，方便日后复习。数学也是如此，题目见得多了考试时便能驾轻就熟，大大降低错误率。总而言之，题海战术听起来很呆板生硬，刷题过程也很枯燥，但它对成绩的作用却不可忽视。

机械地刷题固然不可，但适合自己、有目的地做题足以拉开与别人的差距。

要是非要总结几条学习方法出来，我会归纳为：

（1）有效的反思与总结。

学习是不断发现问题并寻求答案的过程，反思、总结就是暴露自己问题的过程。如果刷题只是轻率地推进而不回头反思，那么下次遇到同样题型时仍然十分费力。具体一点，我想，我们在每个学科都要准备一至两个积累本，然后把做错的题摘抄或者裁剪到积累本上，写下正解并分析做错原因，还可以把错解简略地写在旁边，用于提醒自己不要再犯类似的错误。建议考试前复习一遍，然后把重要的错题提炼出来做上标记，已经确信解决的错题就先放一放，这是一个筛选的过程，随着时间的推移，复习错题的工作量也不会增加，这样可以为其他工作节省大量的时间。

（2）学会制订计划。

对于像我一样的普通学生来说，刷题是提高成绩的必要环节，但盲目机械地刷题是万万不可的。想要有针对性和目的性地做题，就必须事先制订计划。比如，根据自己的能力安排好晚自习的任务，再根据任务的重要性和自己的习惯排好实施顺序。有一些事情是每天都需要重复的，这样的事情可以考虑集中在每天的同一时间段完成，这样可以避免因为规划和选择而耽误大量时间。

（3）锻炼思维能力。

这是一个广泛的话题，我们都知道思维很重要，但怎么去提升呢？首先在学习知识时先去想如何去证明它的正确性（往往很难实现，但这个过程的确可以加深记忆和理解），其次可以尝试自己出题，尽量融合更多的考点。这是个反客为主的过程，让我们拥有出题老师的体验。最后在解决一道题时要思考自己是如何想到思路的，以及老师是怎样出这道题的，然后举一反三积累做题经验。

方法千万条，“合适”第一条。每个人都有适合自己的一套方法，高中时期也是在不断改进自己学习方法的过程。只要有坚定的信念，梦想一定会实现！

数学竞赛与备战高考经验分享

学员姓名：安同学

录取大学：北京大学

成长寄语：没有窘迫的失败，就不会有自豪的成功；失败不可怕，只要能从失败中站起来！

我是宇珂，高考成绩674分，曾在北大金秋营中获得前五名的成绩，在2020年数学竞赛国赛中拿到银牌，通过强基计划进入北京大学数学科学学院。

首先，说说我在竞赛学习中的感悟。在数学竞赛的学习过程中，我认为改错和总结是非常必要的。比如当我做完一套模拟题的时候，我会把我认为很有价值的题目都记录在总结本上，认真分析每道题的来龙去脉，整理解题思路，这样不仅可以对这些题目有更加深刻的理解，同时也可以更加熟悉这些题目中所用到的方法，进而用在其他题目上，也就是举一反三。同时总结应该按不同模块分类，也可以在一些重要的方法上标注TOP，这样有助于我们查阅。

我想重点说一说数学竞赛中我唯一比较擅长的模块——几何。在几何学习中，模型的积累是很重要的，比如说两圆相交的模型，如果熟悉这些模型的话，在复杂题目中把它们找出来，说不定就可以找到突破口。而模型的积累就需要我们在日常听课的时候多总结，以及从题目中总结模型，平时可以拿出来看一看，或者是在考试之前，简单过一遍。几何练习也非常重要，只有这样才能熟练掌握各种模型、各种解题方法，可以很快找到解决复杂题目的方法。

我认为和同伴的交流讨论也是非常重要的。有时候同伴可能会有一些非常巧妙的学习方法，或者对题目有更加深刻的理解，我们可以和他们交流讨论，在讨论中可能有所收获。我所在的数学竞赛组非常团结，我们经常会找一些题目一起来做，然后交流讨论。即使在疫情期间，我们也一直保持联系，建了一些交流群，有时候还会通过视频会议的方式来讨论题目。此外，自己做出来一道大家都不会做的题，跟别人分享自己的方法，也可以大大提升自己的自信心。

学习的心态也很重要。要正确地对待成败，千万不要因为做出一道难题，或者考好了一次而沾沾自喜，更不应该骄傲自满；如果考砸了，也不应该垂头丧气，而是应该认真分析自己的问题，找到失败的原因，然后重整旗鼓。

在我的竞赛生涯中，最大的一次打击应该就是最后一次考试——数学国赛。考试前我十分自信，结果考试的第一天就发挥失常，甚至连最简单的第一题都一分未得。走出考场的时候，我万念俱灰，感觉自己之前的努力都付诸东流了，感受到了深深的挫败感。之前无论多么难的模拟测试，我都没有过这样的失误，而偏偏在最重要的考试上出现了严重失误。在我面前只剩下了一条路，那就是在第二天做出三道题中的两道以上，勉强拿个银牌，也不算颗粒无收。第二天考试，我以背水一战的心态走进了考场，还好，第一道几何题稳稳拿下，第二道组合题虽然并不擅长，但也思考出了解法，保住一枚银牌。这次国赛之旅虽然留下了遗憾，但是我对自己的沉着冷静还是比较满意的。之后在备战高考的时候，我也常常拿这件事来勉励自己。每当我感到十分疲惫，不想学习的时候，我都会告诉自己，我还不能放松，我不能再经历这样的失败了。

其次，说说备战高考的经验。第一次参加模考的时候，满分 300 分的理综，我只考了 190 分，其中物理只考了 50 分。但是我还是比较自信的，尽管可能是盲目自信，我并没有太过沉溺在失败中，还是按部就班地复习基础知识，认真刷题。认真复习了一遍高中知识，练习了很多题目之后，理综也能渐渐稳定在二百六七了。

我提高成绩的诀窍是，先把基础知识以及之前的笔记都认真过一遍，然后在不限时的情况下，可以把所有题目都做对，接着再通过一周三四次的理综练习，提升解题速度。同时每次做完题之后，改错总结也非常重要。如果是考试卷子，我一般会在老师讲解试卷的时候把错题积累在改错本上，这样也比较高效。

再次，说说时间分配的问题。在竞赛学习的时候，会有非常多的自习时间，我们应该提前做好计划。计划应该有一定的弹性，最好不要细化到具体时刻，哪怕是卡时间做卷子，也要留出一段改错总结时间。这样即使规定时间内没做完，也可以有时间思考，而不会打乱计划，这样会提高计划完成率，进而实现良性循环。比如做一套理综卷子我通常会安排三个半小时或两个半小时做题，一个小时改错。如果任务提前完成了，那么休息一会儿也是很好的。当状态不太好的时候，比如晚上放学回家比较疲惫，但是还需要学习一会儿的时候，可以考虑听听高途课堂的名师课程。听课相对于自己做题总结来说还是比较轻松的。这也是对时间的充分利用，毕竟在疲惫状态下，做题也不会有很好的效果。

最后，说说考试心态问题。其实如果有了充分的准备，在考场上是无所畏惧的。在考场上不要过分谨慎，按照自己平时的做题节奏，专心做题就可以了。所谓做题节奏，主要是指做题的速度和用时，高考时最好不要和平时有太大的偏差。

以上是我个人在高中三年的一些学习经验与感悟，不一定正确，但希望可以帮助到大家。

竞赛 vs 高考的平衡之道

学员姓名：刘同学

录取大学：北京大学

学长寄语：莫等闲，莫等闲，华年易逝万事空；勤珍重，勤珍重，宏图伟略罗心胸。

竞赛，小城市也有春天

中考后的暑假，我开始接触高中数学竞赛，凭一点自信、一点喜爱，再加一点功利心，我在这条路上奔跑着。小城市资源有限、缺乏氛围、信息闭塞……种种困难没有阻止我前进的步伐。借助互联网这个强大的工具，我打开了竞赛的大门。贴吧、论坛、各类讨论群，我活跃其中，逐渐找到心中的“组织”，有了归属与方向。在这里，我可以与全国高手一起热烈交流问题，可以得到前辈的

耐心指导，我的竞赛之路也不再迷茫。

当然，自己的付出也是值得的，几百个伏案冥思的夜晚，总结的若干笔记本，外出培训积攒的厚厚一沓车票与机票，都在书写属于我自己的传奇。高二、高三两进省队，尽管最终只得银牌铩羽而归，但也在这小城市的竞赛史上留下了闪亮的足迹。

高考，公平的竞技场

在高中整个竞赛学习的过程中，我都没有放弃高考课程的学习，以近乎其他同学双倍的精力同时应对高中竞赛与高考课程。高考对学生能力的考查更为全面，语数英理化生，每一门都需要认真准备。下面针对语文和英语学科的学习谈谈我的一些想法。

1. 语文：兼得规矩与灵气

语文试题需要学生规范、专业地思考并作答，每一道选择题、主观题都讲求章法，唯有规范梳理、耐心总结并判断，才能答对题目。这就要求我们在平常训练中遵循一定的“规矩”，老师讲的也好，自己总结的亦可，坚持规范作答每一道练习题。另外，语文也需要灵气，只有个人情感与文本作者相通时，我们才能品出人文关怀的本质，才能答好题目。

以我为例，我刚上高中时不太擅长语文学习，仍保持初中的答题、作文习惯，而平时在课堂上也没有系统地梳理语文答题规范，所以在高一、高二时成绩并不理想。到了高三，时间更加紧迫，我也意识到自己在语文学习方面的不足，便主动向老师请教，自己归纳总结答题规范，并通过高途课堂语文老师的讲解学习一些专业、规范的答题“模板”，再在平时做题时多加应用。如小说阅读这个板块，我根据自己的阅读习惯，灵活应用高途课堂老师教的方法，分题型总结了数十条答题方法。

2. 英语：合理至上、坚持积累

英语客观题（阅读理解及完形填空）重点考查学生的语篇理解能力，所以我们要设身处地将自己与作者乃至出题人共情，让所选的答案“合理”“合情”；同时要注意语篇连贯，尤其是完形填空和七选五，一定要考虑上下文的衔接、统一。

对于英语作文，我的经验是要坚持积累，才能在考试中做到“信手拈来”。在很长一段时间里，我的英语作文是致命短板，词汇匮乏，语言平淡，字迹潦草。在高三一年，我下功夫来攻克英语作文。词汇匮乏，我就记忆单词，从高考大纲到四级再到六级；语言平淡，我就打磨句型，各种句式力求运用得自然流畅；字迹潦草，我就调整字体，每天抄写两篇字帖，沉心静气，注重细节。经过一番努力，我最终在高考中取得了较好的成绩。

经历过高三，才觉得人生完整了。

奋斗千余个日夜，角落里落灰的篮球，清晨五点半的朝霞，周末冬夜从自习室回家时默默竖起的领口，饭点时空荡荡的教室，从崭新到陈旧的耳塞，都见证了我的足迹。我见过谷底，也到达过山巅。

当我高考英语（最后一科）交卷的一刹那，激动、满足、释然，万千思绪一齐涌上心头。见过夜的深邃，才明白朝阳是多么可贵，无论结果如何，我们始终在奔跑，都是青春路上唱着歌的追梦人。有了理想在前方引领，这条路不再孤独寂寞，而如焰火般灿烂辉煌。

这样高效备战数学竞赛

学员姓名：肖同学

录取大学：北京大学

学长寄语：努力不一定可以成为最好的，但你一定可以努力成为最好的自己。

本篇文章分享的是关于数学竞赛学习的“干货”，希望供走数学竞赛之路的同学参考。

学习阶段分期及特点

一、入门期：开始学习到高一结束的暑假

打好基础，切忌好高骛远。

这个时期的学习方式主要是看书加外训，外训以听懂并理解为主要目的，需要同学间多交流。我给大家关于培训的建议是，听多长时间的课，用多长时间消化。我在跟不上老师节奏时会选择先用 A4 纸记，之后再整理到笔记本上。

入门期题目一眼望去全不会很正常，到高一下半学期会慢慢找到解题感觉。入门后的实力表现为可以解出大部分“三大赛”的第 3、7 题（我在高一结束时做西部赛题非常有感觉，基本每年的题可以做 7 个左右）。

任务：①基本解决几何这一模块，刷完两百道题，到了高二只需刷外训题和竞赛题，无须专门练习几何（我当时走了弯路，前期“一试”看得较多，没有跟上大部队刷几何的节奏，导致后期几何拖后腿）；②培养基本的代数、数论思想，跟紧教练（代数大神）在两个模块的进度，基本看完《初等数论》、代数小蓝书；③保证省一，尽量进入前十五获得金秋营资格；如果实力还未达到 CMO 水平，高二进队不一定是好事。

二、进阶期：高二

刷题 + 思考总结，实力进阶。

这个时期的学习方式以刷题为主，外训的题目也都需要提前刷，可以根据自己的水平慢慢开始练《走向 IMO》的题，开始接触教练找的很多国内外最新竞赛题。

要追求长时间的思考（标准时间的两倍），为高中生数学联赛（简称联赛）打好基础。方式：做比较难的组合或者数论题（这是一位学长分享的，我受益颇多，后期国赛前比较难的组合和数论一直是我强项）。如果有短板，一定要在这个时间补好（全面，各种考试不吃亏），同时要确立自己的强项所在（建立自信）。

任务：①刷完《初等数论》除不定方程的习题之外所有内容；②选看《奥赛经典——奥林匹克数学中的组合问题》的部分章节（此任务可提前）；③抽空练“一试”，高二下学期尽量每天一份“一试”（改错本），练中等数学增刊即可。

三、联赛前冲刺期：暑假前停课直到联赛

这个时期在刷题的同时疯狂进行模拟考试，在分析解题的同时要适当关注考试技巧，保证稳进省队。

“一试”非常非常重要，一定要重视，只有练好“一试”才能保证进队。

联赛前要适当调整：回归联赛难度，少做偏难怪题。在联赛考试过程中也一定要注意：联赛“二试”题一般都很漂亮且难度一般，考点不偏，千万不要想复杂。

联赛发挥失败原因：压力大，失眠，身体状态不好导致“一试”发挥不好。教训是考试前不要逼自己过早睡觉，与前一天不要相差半小时以上（如果要早睡，提前一点一点调整）。不要去考场太早，大量空白时间会徒增紧张感，不如多睡一会儿。此外，我在“二试”时代数题猜错答案，做了两个小时，交卷前十几分钟才发现问题，补救了 10 分压线进队。其实那道题本身不算难，

40 分钟足够解决，教训是千万不要使劲钻进死胡同，做一段时间没进展就应该宏观审视，调整思路。

四、省队培训期

这个时期刷题的难度要上一个档次，适应 CMO 难度。

做难题（如集训队测试题），要长时间思考。

可以了解一些偏高等的知识（如《Problems From The Book》），或者比较新的考查点，适当拓宽知识面（因为全天自习时间比较多，一味刷题容易饱和，可以适当调剂），平常培训我也习惯记下老师讲的“题外话”，对加深数学理解有帮助，且有可能了解出题背景。

可能在三、四时期感觉到了解题能力的瓶颈，不要慌，继续练题，量变积累到一定程度后还会在联赛前有一次小的飞跃。

联赛发挥成功的经验：我的联赛心态。即使第一天晚上三点还没睡着，身体状态非常不好，加上雨天没有暖气的教室阴冷异常，但我仍然专注于题目，告诉自己享受解题过程，无悔两年半的训练。最终我用将近四个小时“熬”出第二题，奠定金牌基础。联赛前学长们的寄语给了我很大帮助，分享其中的一句话：“我们一直说竞赛是有偶然性的，一直用这个印象来告诉自己‘还不够稳’‘还不够强’，不过也请大家相信，竞赛的偶然性还有另外的一面，它来自你们内心的强大信念和力量。”

各模块学习注意事项及推荐书目

一、几何

几何重在积累，我在高二补几何短板时按照一位学长的经验，把之前培训的以及之后遇到的方法和模型都记录在专门的笔记本上，并记录同组几何高手的不同解法。

三角法等计算方法非常重要，在几何入门后要积极探索并尝试使用，后期我们组的“几何大神”都是“纯几何 + 计算”解题，对难题并非总有纯几何解法。

如果几何确实有短板，需要了解复数法（联赛及以上会用到）。前期不建议学习，能用几何尽量不要用复数算，省队培训时期可以锻炼复数能力（我的联赛几何和一些联赛模拟几何都是利用复数算的）。

入门期要刷掉网上的《高联难度平面几何 100 题》和《平面几何 100 题》；后期做各种竞赛题和培训讲义即可。

《高中数学竞赛解题策略——几何分册》知识点比较全，可以作为参考书。

二、代数

代数需要逐步培养调整思想、函数思想、变元思想等，也需要一些基本的恒等变形、不等式放缩技巧。代数题要学会分析，少做三元不等式（偏技巧）。

代数题比较难找（因为国外的代数题风格与国内不同），代数题主要靠外训和教练。

入门书目推荐《奥林匹克小丛书——初等不等式的解题方法

与技巧》（小蓝书）、《初等不等式的证明方法》。

入门后需要补充多项式的知识，可以看余红兵教授的《奥数教程第三分册》。

三、数论

数论是我最喜欢的学科，“数学女王”非常美妙，每当见到一些特别漂亮的解法，我都会非常兴奋。学好数论的关键是在基础知识具备后进行思考总结。

数论知识一半源于教练和外训，一半源于之前说到的《命题人讲座——初等数论》。这本书是值得二刷的。这里说一下看书的方法，对这种有一定难度的书，前期很可能看不明白，可以先尝试思考，不懂也没有关系，过一段时间水平提升了再回头看，反复思考，不同时期看有不同收获。我曾走过总想一本书从头看到尾的弯路，浪费不少时间，所以要学会挑章节看，学会适当跳过一些题。

数论除了《走向 IMO》中的题外，强烈推荐每年的 IMO shortlist，其中数论部分的题目风格与 CMO 非常相近，题目都很有特点，是很好的练习题。

四、组合

做组合题是很有趣的一件事情。组合题型灵活多变，基本没有知识点，主要考查学生的思维能力、解题能力。同样，思考总结是学好组合题的方法。

书目推荐《奥赛经典——奥林匹克数学中的组合问题》，书虽然老，但还是可以获取不少组合思想的。

组合思想渗透于除几何外的所有题中，它的本质是培养解决问题的能力。

数竞之旅并不好走，希望我的分享可以让你少走一些弯路。

物理竞赛与备战高考的经验分享

学员姓名：程同学

录取大学：北京大学

成长寄语：以勇敢的胸膛面对逆境！

我是尔纳，2019年高考611分，获第三十六届全国中学生物理奥林匹克竞赛决赛三等奖，第三十七届全国中学生物理奥林匹克竞赛决赛二等奖，2021年高考685分，山东省排名第五十一，被北京大学物理学院录取。

对于高考，我有别样的感悟，或许是因为早在高一，我就以中科大少创班的名义参加了2019年高考，那一年还是老高考，我考了611分。说实话，那次发挥并不好。仔细想来，我当时能发挥出这样的水准，大部分要归功于真题。那年高考前一个半月，我买来了全学科的三年真题，用闹钟计时，一天最多做一轮，自己批分数。我特意抽出了大量的时间来把三年真题做了一遍。但是，当真正到了高三，我发现自己没有时间像两年前那样去做这样的工作，不止是我，我身边的同学也一样。当然大家也知道要做真题，但是整体上在这方面下的功夫达不到我之前那种程度。

高三的时间太紧了，可以用于自测的整块时间更是寥寥无几。世事难全，最适合做真题的时机，往往没有时间，反之亦然。

讲完真题，讲讲课本。“课本加真题等于高考无敌”，虽然确有夸张，然亦有道理。对于很多学科，只专注于课本的提分效率不占优势，需要真题来辅助，真题可帮助同学们把握高考的考点、考向、难度等。但有些学科不适用此方法，在这里特别强调生物，其次是化学。生物最吃课本，高考之前五本课本需要努力过几遍，也因此，我个人不建议额外准备一本生物笔记，按照顺序记在课本上就好。

再说说竞赛。关于是否要参加竞赛这类问题，先说结果，我的建议是，根据兴趣决定要不要参加，根据天赋决定要投入多少精力学。第一条，兴趣可以使你处于“我要参加”的状态，许多问题将迎刃而解，反之困难重重；另外，如果你对这方面感兴趣，那参加竞赛很有可能有利于你未来的专业学习，那么去参加竞赛，怎么也不亏。第二条，我们的核心目的是升学，但时间是固定的，只有三年，准备高考还是准备竞赛，怎样利用这三年时间才能更好地为我们的目的服务，这取决于天赋。一方面参加竞赛会占用准备高考的时间，有可能到了高考前，时间不允许学生把自己的全部潜能发挥出来；另一方面，参加竞赛有助于打破自身的瓶颈，可能帮助学生突破自己原来的上限，当然后来有没有足够的时间攀升到那个程度，还要两说。总之我们能做的仅仅是做出决定之后，坚定、坚定再坚定地走下去。事实上，这类问题根本没有标准答案，毕竟人生只有一次，正确答案由你自己书写！

至于怎样参加竞赛，我能说的不多，毕竟竞赛体系远不如高考体系成熟，我走的路很有可能不具有普适性。就我的经验而言，物理竞赛刷题一定要留手稿，尽可能认真，平时做题的状态就跟考试一样，我在手稿上的写法和考场上在答题纸上的写法完全一样。凡考试必复盘，物理竞赛容错率极低，三个小时的时间，八道大题，一道几十分，开头两行的一个小细节，往往可以导致一整道题的崩盘。因此，时间管理与避免低级错误发生的能力至关重要，一次次的考试复盘，恰恰是锻炼这两种能力的绝佳手段。

我个人是怀着极高的热情来学习物理竞赛的，虽然最终结果不尽如人意，但初心未改。竞赛学习深刻地让我领会到坚定执着的意义，竞赛路上的起起伏伏锻炼着我的心态。物理竞赛的两次大考，第三十六届决赛，第三十七届决赛，连同 2019 年高考，三次失败，共同铸就了我迎战 2021 年高考时无懈可击的心灵。

最后总结出，我最核心的，大概可以称为“沉浸式学习”，可以描述为：步步有心，一往无前，力发全身，集于一点。

衷心祝学弟学妹们学业有成！

篇五

智慧锦囊篇

「 世界上使社会变得伟大的人，正是那些有勇气在生活中尝试和解决人生新问题的人。

——泰戈尔 」

困境突破锦囊

一、想像学霸一样高效学习，怎么办?

课前预习。课前预习是提高听课效率的一个重要策略。课前预习就是每节课前把本次课将要讲授的内容进行预习，初步熟悉课程内容，找到听课和理解的重点、难点、疑点，记下自己的困惑之处、薄弱环节，带着问题进课堂，这样带着问题去听讲，有针对性地解决问题。

课后复习总结。对听课内容进行复习，要积极地回忆，这节课有哪些内容，重点掌握什么，如果拿不准自己的学习情况，可通过练习题自测，以加深对学习内容的总体理解，减少遗忘。

每周学习复盘，综合问题定点解决。针对综合性掌握不牢的知识点时，采用深挖推理，构建知识导图，形成知识框架。在基本掌握后，复述掌握的重难点，复述的过程就是把老师的知识“进化”为自己的知识的过程。

切记不要过度追求全面，总是想把所有知识系统性地一遍遍地温习，这样既浪费精力和时间，也没有抓住重点，要学会把问题拆分后再整合，既有针对性，又相对高效。

二、错题反复错，听完纠正后，下次还是错，怎么办?

找出错题背后的致错原因。可能的原因一：没有吃透知识点，处于“我以为我会”的阶段；可能的原因二：惯性思维，用老的经验套进新题中，也可以说是“粗心”；可能的原因三：在会了之后不再复习，导致遗忘后再次出错。

根据原因，确定改变的方向及方法。完全吃透知识点的方法，一方面可以通过类似题型的检测，另一方面就是自己充当老师，把这个知识点讲给他人，确保输出已经不成问题。克服惯性思维，首先放慢做题速度，保证每一个步骤写下来，思路都是顺畅的。其次是放平心态，不要傲慢，不管题目熟悉与否，都要以第一次遇到此题的态度严谨做题；避免遗忘最好的办法就是建立错题本。把错题分别剪贴或抄写在一个本子上，建议用活页纸，便于分类整理。一张纸的正面是题文，写上正确答案和相关知识点。反面，把正确解题步骤详细写清楚，这个过程一定要自己进行整理或推算，不能照抄答案和解析。整理了之后，每隔一段时间都需要像复习知识点一样将错题本重新看一遍，甚至是把上面的题目重新做一遍，确保没有遗忘其中的知识点和答题方式、答题套路等。有时候在考前复习错题本，比复习整本书有用、有针对性。

三、英语阅读理解能力差，读了很多文章成绩还是不提高，怎么办？

合理分配做题时间。一般的时间分配是每篇 8~15 分钟，这种分配方法的优点是每篇阅读都有一个固定的时间来完成。但也有缺点，每个问题的时间分配不合理，一些很简单的问题可能因为没有时间而做错。还有一种方法是根据文章和题型难度来分配时间，先易后难。在开始做题之前，先浏览所有的阅读文章，先做最简单的阅读文章，然后给比较难的文章留出更多的时间。在阅读每一篇文章时，应该先大概了解文章主题，先做简单的主题，然后再做难度较大的主题。

加快阅读速度掌握阅读技巧 ①先看题目，再看文章。建议只读题干、不读选项，这样能避免信息先入为主，不让选项影响对文章的理解。②掌握阅读方法，必须速读，千万别点读。阅读所有题目后，划出每个问题的关键词，关键词包括人名、地点、组织名称、大写、数字等。③关注标题。其实标题是含有文章大意的，读懂标题相当于抓住文章大意的 40%~50%；文章的副标题，通常是引用或解读，可以很好地辅助解答题目的大意。④阅读理解最好读两遍：第一遍快速泛读，重点看标题、首段末段、每段的首句末句，其目的仅仅是文章大意和每段大意，忽略生词，时间建议最好控制在一分半以内。第二遍是解决题目的细节，带着问题去文中定位相应的语句，而不再细致地通读全文。

阅读理解题型解读。英文阅读理解一般是四种类型的文章：

信息类文、记叙类文或故事、科技类说明文和社会类新闻。而对应的题目，也一般有四种：选择题、判断对错题、逻辑回填题（文章中挖空，找选项回填）、开放表达题。解答“从选项中选出一个最合适的标题”类题目，正确选项必须是概括全文大意；正确选项一定是言简意赅的，而不用太苛求语法准确，标题的语法相对随意；标题中带有反语、双关、幽默等修辞的，往往是正确答案。对于“猜测生词词意”类题目，先找到包含生词的句子，弄清句意；若这句没懂，扩大阅读范围，上下各多看一句；若还是不理解，那么扩到上下各两句，基本就能出来了。特别常见又易错的一类题是“infer”类题目，在原文信息基础上推断延伸，正确选项既不会同原文一样，又要有进一步的理解，而且还不能延伸太远，这个度把握起来相对有些难度，这时可在原文基础上改动 1~2 个小词的选项，正确的可能性反而更高。对于逻辑回填类题目，高效的答题流程：先看文章标题、首段末段、首句末句抓文章大意；接着是把每个选项都标出关键词，比如代词（he、she、it）、指明逻辑关系类的连词（because、though）、一些含有关键意思的实词；然后看空位的前后或上下各一句，找和选项中关键词相关联的信息，能匹配上可能就是正确答案；最后考虑挖空的这句话在文中的位置。如果是一段首句或末句，那么通常是中心句或结论句；如果在段落中间，就看和上下文的逻辑关系以及关键词的匹配。对于需要写的“开放表达题”，建议针对题目类别直接作答，不要铺垫，并使用指示性强的语言。如果问“how”，回答开头就一定要是“by”；问“what”，回答一定是名词或名词性句子；问“why”，开头一定是“because”。一般 20 词左右。

四、考试时遇到某些题明明觉得自己会做，而实际一做就做错，怎么办？

问题的深度剖析。习惯于依赖知识点，看到题马上就用知识点去写，忽略了问题问的是什么，题目条件是什么，一般是知识掌握不牢固，自己知其然，不知其所以然，未进行过深度的理解，只浮于知识表面。可能自己没有意识到背后的问题，使自己误判了对学习内容的掌握程度。

做题的时候，一定要先看完再写，不要看的过程就马上产生解题的念头。一定要看清楚问的是什么，题目条件是什么后，再思考，就可以避免这种错误。做题要以题目本身为出发点。根据问题、题设读懂题意。

培养“写作业不翻书”的习惯。常规写作业时，碰到拿不准的知识，会随手翻一翻书或者笔记，貌似是把碰到的问题解决了，而实际上是误以为已经掌握了问题背后的知识点。实际上考试限定了时间、空间，而且还有同伴压力，而平时写作业时不会有这样的情况，这就会导致在考试时紧张，发挥失常。所以，平时在写作业的过程中，适当有意识地限定写作业的时间和准确率，可以有效解决这个问题。

五、快要高考了，觉得不会的内容太多了，也不知道学什么，怎么办？

摆正心态。越临近高考，越要尽力冷静，切忌浮躁。优秀的学生也不能保证自己高考能拿满分，也会有遗漏和掌握不牢的内容，这是学习中遇到的很正常的现象。此时最好的办法是从考纲入手，对比考纲要求，把自己已经掌握的内容画钩，这样做你会发现，你已经掌握了好多内容，能够给你带来一定的掌控感和安全感。对于没有掌握的内容，根据考纲要求的程度，也能有复习的指向感。

求助他人，增加锻炼、散步时间。这个时候，如果自己觉得存在很大的状态问题，可以向老师、家长求助，也可以同学之间相互倾诉一下问题，其实大家在这个时候的问题都是一样的，你会发现其他的同学也有类似的问题，这也可能说明，因为你的考前太过焦虑，才会有这种感觉，并不是你掌握的知识不够。学习效率、质量与时间有着很大的相关性，切记疲劳战术。临近高考，状态是第一重要的，适当的休整非但不会影响学习效率，反而会提高效率。

回归课本，建立知识框架。多看看课本，多看看例题，多翻翻错题本。用思维导图把知识点进行整理，这样可以发现尚未掌握的知识点，筛选重点内容，重点突破，这样逐个写出梳理的过程，而这本身也是一种学习。

六、高三考生很努力，成绩却没有提升，怎么办?

心态出现问题。高三阶段，考试非常频繁，每次考试都会有分数或者是排名，部分同学可能会有考前焦虑症，而且每次考试都会这样，这会严重影响发挥，成绩自然不能够保持稳定，更不能说是提升。如果是心态出现问题，我们就需要学会自我暗示，比如暗示自己高考才是最重要的，平时的考试只是训练，没有必要放在心上，也不用在意排名。在平时复习的时候，需要经常跑步或者是做自己喜欢的运动，让自己释放压力，也让自己晚上更容易入睡，不用想那么多。这样能够最大限度地保证考试正常发挥。

复习方法不对，复习效率低。尽量不要大量地刷题，需要做的是归类题目，把一类题目的解题方法总结出来，所得效果会比纯粹地刷题好很多，复习的效率也会高很多。因此，最重要的复习方法，就是同学们学会如何总结同一类题目的解题方法。

重视课本，基础打牢。高考一轮复习就是把课本的知识重新归纳一遍，如果没有重视课本，基础没有打好，也很难把成绩提上去。如果没有把知识点吃透，就想着做题，把心思放在参考书上，就想着考高分，那也是不可能的事情。最简单的就是把知识点以及各种公式都理解好，把课本的例题都重新做一遍，并且，总结好相关的方法。这样基础才会打得牢固，厚积薄发，成绩才会稳步上升。在二轮的复习当中，优势就会慢慢凸显。

做近五年高考真题，锻炼应试能力。每份卷子至少做两遍。第一遍做真题时，先按照高考时间要求，完全模拟考试的真实氛围。比如高考数学是上午 9：00—11：30 进行，在训练时最好也能选择相同或接近的时间段，培养自己在该时间段内对指定科目的做题感觉，提高实战水平。答完之后，做好试卷分析，对错题分析错因，对难题归纳总结。在第二遍做题时，可以适当地减少 20~30 分钟的答题时间，有意识地培养自己的答题速度，以便在考场上能达到速度和准确率的完美平衡。对完答案后，再次出错的部分就是自己容易混淆的部分，需要下功夫攻克一下。

压力管理锦囊

一、马上就要高考了，经常失眠，非常紧张，怎么办？

改变认知，不去控制自己的睡眠，也不要把睡不好和考不好联系起来，不要给自己负向的心理暗示。困了自然就睡了。睡不着的时候，也不用过于担忧，放下对失眠的控制，不要在意它。在睡觉的时候，不要催促自己赶紧睡，担心明天怎么办，不要用任何方法来控制睡觉。因为情绪和思维都是不可能人为控制的，顺其自然后反而放松了，一会儿就自然地睡着了。

适当增加运动，调解身心放松。若没有睡好，按时起来后，先锻炼，因为让大脑休息的最好方式，除了睡眠以外，就是运动，运动会让大脑充氧。科学家最近研究发现：每天睡四个小时和睡七个小时对身体需要是一样的，只是会影响情绪而已。白天不要补觉，到晚上自然会补回来的。

可以尝试做一下深呼吸的放松练习。闭眼，开始深呼吸，保证呼气的时间比吸气的时间长一点，专注于自己的呼吸，不要让自己胡思乱想。只关注自己的呼吸，等感觉身体放松之后，可以想象一个最让自己感觉温暖和轻松的环境，想象自己在那里享受着轻松的感觉即可。

二、高三了，上课总走神，注意力越来越不集中，怎么办？

注意保证充足睡眠，切勿熬夜学习。晚上正常休息，睡前需要把一天的学习内容进行回顾，这是一个非常有效的学习方法。保证充足的睡眠，进而缓解大脑疲劳，保证大脑可以加工和处理白天输入的大量信息，有助于长期记忆形成。

身体放松，闭上眼睛，让脑中一片空白。深呼吸让空气进入胸腔和腹部，闭气，然后缓慢呼出。三个阶段保持一定节奏。比如从开始的 5 秒 – 5 秒 – 5 秒，然后逐渐延长。整个过程关键是放松，让大脑完全空白。每天坚持十分钟的训练，效果就比较明显了。

做好听课笔记，提高听课效率。要认真做好听课笔记，记下课文的要点、重点、难点，老师的解释、提示和见解，自己的疑问和理解。俗话说“好记性不如烂笔头”，再灵敏的脑袋也无法抗拒时间的消磨。做笔记是一种很好的辅助学习法，它可以帮助你克服大脑记忆的限制，提示你回忆课堂教学内容。做笔记一定要取舍得当，详略适中，重点是老师提示的重点和自己不会的难点。记笔记的过程必须科学分配自己的注意力，针对内容的难易有所侧重，笔记必须要做到层次分明，一目了然，才更有价值。

三、想要高考期间能够保持良好的状态，怎么办？

提前准备好备考工具，确认好考场地点和考试时间。考试的前一夜，千万不要“废寝忘食”，务必要保证充足的睡眠。因为高考是高强度的耗费脑力及体力的过程，充沛的体力是良好的考试状态的保证。但也要注意不要有太大的生活规律上的变化，以免打乱生物钟。

保证提前一个小时的时间到考场，不要带着复习资料去考场，想着等待入场的时间可以多看一会儿，其实这并不会提高成绩，反而会营造紧张的氛围而增加考试的心理压力。

适当屏蔽外界声音，建立内在自信。考场上不跟周围人比答题速度，有自己的整体规划及答题节奏，不要被别人的节奏打乱。第一天考试结束，不论自己感觉考得如何，都无须再关注相关信息，包括不要与其他同学核对有关试题的答案。已经过去的事情无法改变，考生需要更多专注未来的事情。

转移注意力，减轻压力，使大脑放松。经过一天紧张的考试，到了晚上可以适当放松一下。听听音乐、看看杂志等都是不错的选择，但尽量不要选择游戏，游戏可能会过度刺激神经兴奋，或是沉迷其中影响休息。如果觉得自己考得不理想，首先，要相信高度紧张的情况下，自我感觉特别容易出现偏差，大部分考生都会低估自己。其次，如果你觉得题目难，那么通常其他人也会觉得难。所以更不用纠结。在考试第二天睡醒后，可以伸个懒腰，做几次深呼吸，激活身体，保证最佳状态面对剩下的考试。考试中，不管题会不会做，无论时间是否充足，都要淡定从容地面对，坚持到最后一分钟，切记调整心态，竭尽全力答题，切忌好胜心理，要多查漏补缺，保证将意外降至最小。

时间管理锦囊

一、高中阶段想利用好时间，高效学习，怎么办？

保障睡眠时间。高中学习保障一定的睡眠时间是非常重要的。合理的睡眠时间有助于缓解备考压力，更是恢复体力的妙方。高一、高二的学生每晚至少保证 7~8 小时的睡眠时间，高三的同学每晚至少保证 6~7 小时的睡眠时间。有午睡习惯的同学可以利用中午休息时间，小憩一会儿，时间控制在 20 分钟内，超过 20 分钟的午睡时间可能会让身体更疲惫。

做好课余时间的安排，学习的时间分为上课时间和课余时间，上课时间是固定的；而课余时间才是由高中生自己主导的，此时他们作为课余时间的把控者，一定要消除无所事事的时间，如拒绝手机浏览视频、计算机游戏等。同时也要减少干扰学习的时间，如找课本、找作业、找笔记等。减少干扰的最好方式是不用的东西处理掉，而把要用的东西分好类别，便于及时找到。

根据每个科目学习的程度合理分配时间，制作学习计划要具体到分钟。每个学生的学习都是有差异的，所以想要将课余时间的学习安排得更为合理的话，需要学生根据自己对科目的掌握程度来合理分配，如分配较弱的科目多一些时间，较强的科目少一些时间。同时注意，不同的科目换着学习，效率更高，如限定一段时间内学习一个科目，这样会使自己必须在给定的时间内完成一个科目的学习任务，心理上形成压迫感，也就便于更好地利用时间。

参考生理规律，利用好一天中的高效学习期，每天的学习高效期大概可分四个阶段，第一阶段是起床后，头脑清醒，脑神经处于活动状态，此时学习一些需要记忆的东西是很好的，如说背英文单词、古诗词、政治、历史的相关事件等都可以；第二阶段是上午 8~10 点，此时人的精力很充沛，可以挑战一些学习上的难题；第三阶段是下午 6~8 点，这段时间也是用脑的较佳时机，用来复习当天所学的东西，以加深印象，属于整理笔记的一个黄金期；第四阶段是入睡之前的一小时，如果大家能够利用这个时间来加深对一些难以理解和记忆的东西加以复习的话，也会产生比较好的学习效果。

二、解答数学大题，总是浪费很多时间去思考，如何判断是否放弃？

每场考试几乎都会提前 5~10 分钟发试卷，而这段时间是没有办法动笔答题的。我们首先需要利用的就是这看似很短的时间。先扫视一下试卷，看一下试卷的结构，看看题型是否熟悉，特别是大题数量、陌生的题目信息等，根据这些信息调整选择题、填空题和大题的做题节奏。

遇到不会做的大题，一般有两种情况：第一种是遇到中等难度题，你思路不完整，通过题目只能判断出该用什么知识、相关的公式定理。这时就可以给自己 3~5 分钟构建思路。若 5 分钟过了还没有思路，那么暂时跳过，做另一道相对简单的题，做完以后再回来思考这道题。第二次做再次出现思路停滞，那么就果断放弃它。第二种情况就是压轴题，需要一定的综合理解能力。若花了很长时间还没完全读懂，仍然是模棱两可。这时建议会多少，做多少。因为考试是“踩点”给分，比如题目要五个步骤写完，你写了其中的三个，你就得一半的分，相当于“你会多少，就给你多少分”。

最后再提醒一下，若考试时间只剩最后 10 分钟，建议此时进行全卷检查。因为压轴题的一问可能与比较简单的一个选择题或是填空题分值相当，所以不如用最后的时间去检查前面不是很有把握的问题，确保前面题目的准确率。

三、英语考试时间如何分配能拿高分?

听力 20 分钟。在高考英语时间分配中，只有听力的时间是固定的。在做听力题时，情绪一定要非常稳定，预览问题和选项，预测一下短文或对话的内容，圈出关键词，比如人名、事件等，这样听的时候容易捕捉到正确答案。英语听力注意后句比前句重要，回答比提问重要；若选项中个别单词或短语被明显播读，此项多为错项。同义词替换选项，正确可能性大一些。

阅读理解，约 30 分钟。做阅读理解时注重审题，审题主要看三方面，第一，关注问题中表述的是谁的观点，文章常见的四类观点，分别是作者的、大众的、他人的、权威的报告或机构类的；第二，看题干有没有特殊的副词或是形容词；第三，审题定位尽量选两个词，回避全文核心词。注意记叙文重细节和中心思想；议论文注重作者态度和核心观点；信息题先读题，迅速浏览，可以在试卷上画出重点。

语言知识应用，包括完形填空和语法填空，两大题型，约 30 分钟。完形填空的解题关键在于抓住文章主题，主旨句的位置在首尾段及各段首尾句，有的时候主旨句也会出现在转折词前后句，答题注意联系上下文作答，英语完形填空固定搭配是必考的一个知识点，固定短语、固定句型都是考点。常见的搭配主要有动宾搭配、介宾搭配、非谓语动词等。语法填空中，如果给了单词，那就是填单词变形，比如动词变时态、名词变单复数、形容词变副词、比较级变化等。如果没给单词，那就考虑冠词、介词、引导词、并列词、固定搭配等。

写作，大约用时 35 分钟。写作注意仔细审题，明确写作要求，同时注意且勿涂涂改改，卷面尽量做到优美整洁。

拓展新知锦囊

一、马上进入高三了，怎么判断自己适不适合报考强基计划？

首先要了解强基计划。强基计划更着眼于国家对战略人才的需要，而不仅仅是高校个体的需要。强基计划的意思是强化基础学科教育，国家高校通过强基计划去招收一批未来有志于为我们基础学科发展服务的学生，他们能够享受到每个学校里面最好的师资和最好的教育资源。“基”就是基础学科，包括数学、物理、化学、生物及历史、哲学、古文字学等基础学科。请注意强基计划培养的人才是未来能够衔接国家重大战略需求的储备人才。所以要求学生一旦入选，原则上是不允许转专业的。

其次要知道报考强基计划需要什么条件。强基计划招生条件一般是综合素质优秀，基础学科拔尖的学生。①拥有在省级比赛或五大学科竞赛中有获奖纪录能够证明具有学科特长。②考生参加统一高考和高校考核后，高校根据考生高考成绩，综合考核结果及综合素质评价情况等按比例合成考生综合成绩（其中高考成绩所占比例不得低于 85%），按考生综合成绩由高到低进行录取。

对于极少数在相关学科领域具有突出才能和表现的考生，有关高校可制定破格入围高校考核的条件和办法，并提前向社会公布，考生须参加统一高考。③具体报名条件详见试点高校简章。

强基计划适合的考生有如下几类：

①学习成绩优秀的考生。

②对基础学科感兴趣，且单科成绩优秀的考生。

③有竞赛基础的考生。

④有规划的考生。

二、成绩一般，无专业倾向，希望毕业后能找到好工作，填报志愿需要考虑什么？

如果没有特别的专业爱好，只是想毕业后找一份好工作，建议在分数可选的范围内优先考虑相对好的学校，因为在就业方面好的学校有很大的优势。考虑到成绩一般，建议选择二三线城市的学校，避开北上广，这样减少毕业后的就业竞争压力。

在选择专业时，不要只顾选择热门专业，也要兼顾着未来发展前景。专业的好坏是瞬息万变的，现在热门不一定在考生大学毕业后还热门，同时要注意选择和就业岗位相匹配，并注重有工作经验的专业。比如毕业后想成为老师就选师范专业，想成为口腔医生就选口腔医学。

三、对英语专业比较感兴趣，想快速了解英语专业，怎么办？

英语专业属于文学门类中的外国语言文学类专业，本科生毕业后一般授予文学学士学位。主要学习如何用英语进行思考、输出，以及如何在各种专业领域去实际运用。此专业着重培养具有扎实的英语语言基础和比较广泛的科学文化知识，能在外事、经贸、文化、新闻出版、教育、科研、旅游等部门从事翻译、研究、教学、管理工作的英语高级专门人才。由于院校的培养目标不同，英语专业的授课内容也略有区别，可以到各个大学的官网去查关于英语专业的介绍，了解需要学习的课程、培养方向等。

英语专业的学业任务相对比较重。大一、大二所学内容比较广泛，注重打牢基础。课程学习内容多为基础英语、英语语音学、快速阅读及英语基础听力等，以培养学生的听、说、读、写四项基本能力为主，并进行严格的语言基本功训练。大三是高阶的语言技能和人文通识训练，有两个主要方向，一是英语语言本身，包括口笔译训练、英美文学、语言学等；二是结合学校特色的细分专业领域，比如旅游英语、工程英语或法律英语等专项课程等。很多家长关心的同声传译，一般属于研究生层次才会开设的专业。大四会涉及学术类英语，为写论文做准备，还会引入更多综合实践机会。

英语专业的就业面很广，就业率高。毕业生的去向广泛，政府机关、新闻机构、外资企业、进出口公司、合资企业、中外旅行社、各类学校、互联网公司、金融机构、培训机构等。英语专业的学生语言水平、沟通能力和人文素质都比较强，所以英语专业的毕业生从长期发展来看，更容易进入管理层的视野。

院校地区的选择是学习英语很重要的一个因素，英语专业实力较强的学校主要有三类：一是传统外语类院校；二是综合性大学的外国语学院、英语系；三是一些英语与特定行业结合的特色高校。在选择填报院校时，考生不一定要紧盯着传统外语类院校不放，可以根据自身情况和就业意向，选择那些能与其他专业相结合的综合性大学或具有行业特点高校的英语专业。同时也要注重院校专业方向的特色，看看具体的专业方向是不是自己想发展的方向。目前国内很多院校都会结合自身特点，给英语专业增加特色的专业优势。比如中国政法大学英语专业专攻法律英语；对外经贸大学英语专业的商务英语非常有名；中国石油大学英语专业在能源行业英语方面首屈一指；上海外国语大学的财经英语非常出色；北京外国语大学的跨文化和国别研究非常厉害。

四、对物理感兴趣，高考报志愿不知道应不应该报物理相关专业，怎么办?

物理系属于理科类专业，物理学是研究物质世界最基本的结构、最普遍的相互作用、最一般的运动规律及所使用的实验手段和思维方法的自然科学。物理专业所学内容的迁移性很强，很多工程学领域都是就业的可选范围，比如同物理学关系紧密的通信工程、光学工程等。一部分物理专业的本科学生会继续攻读硕士或博士学位，将来从事科研工作。

若只是单纯觉得中学物理学得不错，并不清楚学物理是为将来的职业方向做铺垫或是为了继续深造，投身科研，那建议不要盲目报考物理专业。若是目标明确，如想做物理老师，或是结合自己的性格等方面，明确以后发展的方向就是做科研，那么就可以根据自己的兴趣爱好，选择物理相关专业。

特别提示，想要报考物理专业，一定要做好心理准备，物理专业的课程非常难学。比如“普通物理”一般是理工科学生的必修课，但是往往挂科率较高，而这门课在物理专业课程体系中，涵盖的内容是物理专业最简单的。所以请报考之前可以提前查询一下相关专业的课程设置，这样也提前做好攻克难题的准备。同时报考物理专业也需要优先选择经济发达地区的院校，这样毕业后有在当地就业发展的可能，就业范围也广，选择的机会也多。

心理调节锦囊

一、性格内向，不熟悉的场合想躲避陌生人，怎么办？

内向不是缺陷，而是一种性格，性格内向的人一般话少，如果想要改变自己，首先要在心态上改变，可以先从身边的人开始交流沟通。克服说话脸红、不好意思的状态。在交往中，观察别人的兴趣爱好和行为特点。了解对方感兴趣的是什么，不喜欢什么。积累一些既轻松又能让大家感兴趣的话题。

躲避陌生人的场合，除了与性格因素有关外，还可能与生活环境有关。需增加多和陌生人交流的机会即可，多去参加户外活动，比如健身、游泳、跑步、逛街等，结交各行各业的朋友，这样会迅速提高自己处理复杂人际关系的能力，当然也就改变了自己原来内向的性格。

二、想学会所有知识做个完美学生，可看到学霸，就会自卑，怎么办？

知识是无止境的，也是学不完的，我们真正要学的是怎样去寻找、挖掘和掌握你所需要的知识。

学习是终身的，需要确立自己每一个阶段的目标。每个人都是一个独立的个体，起点不一样，人生每个阶段取得的成绩也不一样，所以不要和他人作比较，我们最终的比较一定是和自己比，只要确保每天都在进步，而且保持一直在进步，我们就是完美的。

真正地理解“完美”的含义。适当的完美主义可以使自己变得优秀，但是过度追求完美会使自己面对事情时产生焦虑。完美是一个综合评估的结果，不可能在每一方面都做得特别好，但是如果你能把复杂的过程协调好，那就是一定程度上实现了完美。

要自信，要善于发现自己的优点。“三百六十行，行行出状元”，你眼中的“学霸”可能就是某一行的“状元”，如果你能把眼界放宽，把时间拉长，可能你就是未来另一行的“状元”。